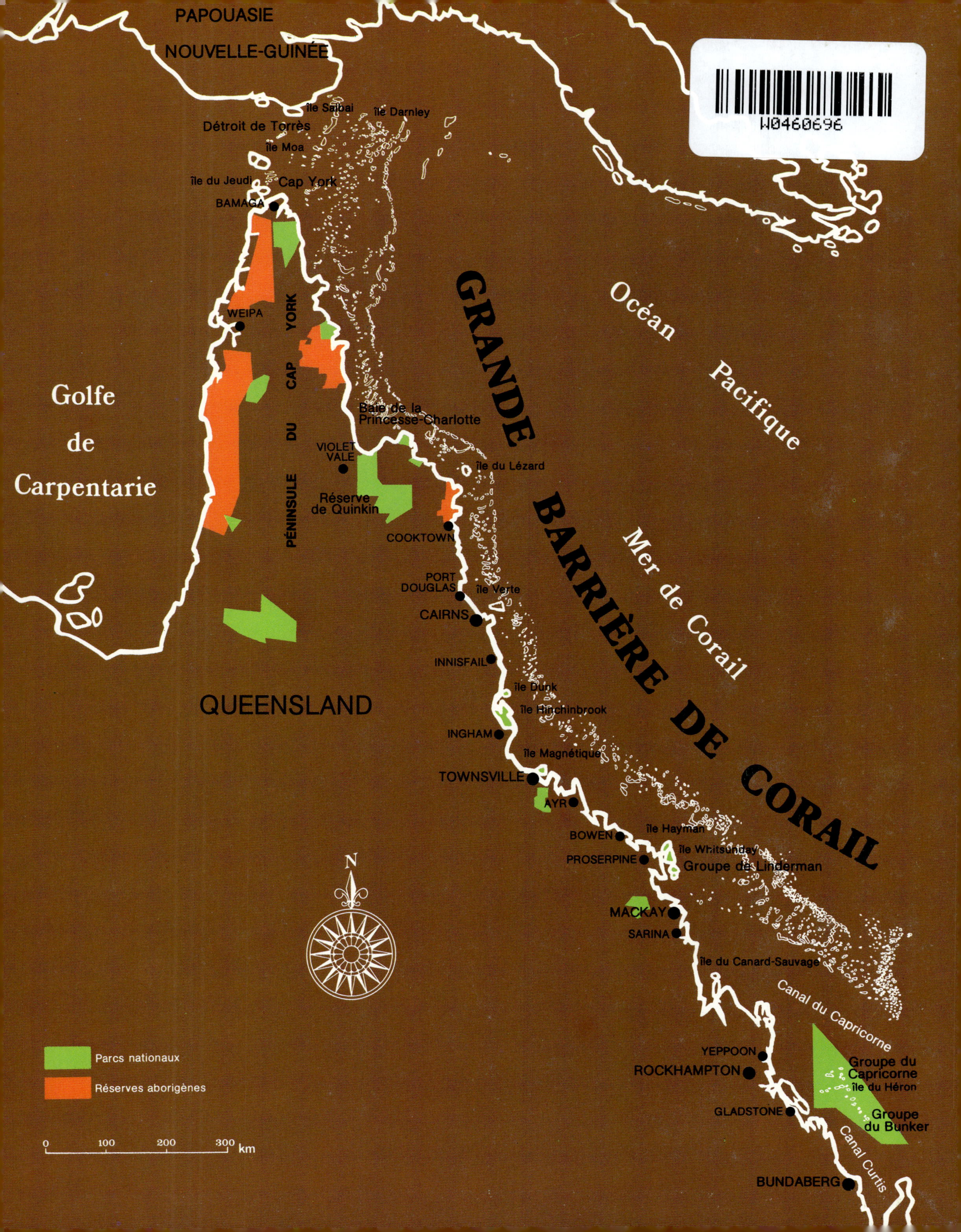
PAPOUASIE
NOUVELLE-GUINÉE
île Saibai
île Darnley
Détroit de Torrès
île Moa
île du Jeudi
Cap York
BAMAGA
WEIPA
PÉNINSULE DU CAP YORK
Golfe de Carpentarie
Baie de la Princesse-Charlotte
VIOLET VALE
Réserve de Quinkin
île du Lézard
COOKTOWN
PORT DOUGLAS
île Verte
CAIRNS
INNISFAIL
QUEENSLAND
île Dunk
île Hinchinbrook
INGHAM
île Magnétique
TOWNSVILLE
AYR
BOWEN
île Hayman
île Whitsunday
PROSERPINE
Groupe de Linderman
MACKAY
SARINA
île du Canard-Sauvage
Canal du Capricorne
YEPPOON
ROCKHAMPTON
Groupe du Capricorne
île du Héron
GLADSTONE
Groupe du Bunker
Canal Curtis
BUNDABERG
GRANDE BARRIÈRE DE CORAIL
Océan Pacifique
Mer de Corail
N
Parcs nationaux
Réserves aborigènes
0 100 200 300 km

Jacques et Betty
VILLEMINOT

AUSTRALIE
la Grande Barrière de corail

CONNAISSANCE DU MONDE

PRESSES DE LA CITÉ
8, rue Garancière - 75006 Paris

JACQUES ET BETTY VILLEMINOT

Chargés de mission par le Muséum national d'histoire naturelle et par la Société des explorateurs français, anciens collaborateurs du professeur A.P. Elkin de l'université de Sydney, Jacques et Betty Villeminot se sont spécialisés depuis 1951 sur l'étude des populations aborigènes de l'Australie et de la Nouvelle-Guinée.

Ils ont accompli de nombreuses expéditions dans ces deux pays, écrit une douzaine de livres, réalisé neuf films courts métrages trente-cinq millimètres primés dans les festivals internationaux, huit films seize millimètres présentés au cours de nombreuses conférences; accumulé des photos, des enregistrements, des observations ethnographiques; des reportages dans la presse internationale et à la télévision.

Jacques Villeminot a obtenu le Prix de la Société des explorateurs français.

Photos Jacques et Betty Villeminot.

Printed in France.

ISBN 2-258-01164-7.
ISSN 0182-3671.

à Nadia

REMERCIEMENTS

Au seuil de ce livre, nous adressons nos vifs remerciements pour leur aide dans la réalisation de cette expédition :
— à Son Excellence J. Rowland, ambassadeur d'Australie en France;
— au professeur Jean Dorst, directeur du Muséum national d'histoire naturelle;
— à la Société des explorateurs français;
— à la Société des montres Rolex;
— à P. Killoran, Director of Department of Aborigines and Islanders Advancement;
— à Bill Wentworth;
— à notre amie Ann Macintosh;
— à John Bunt, Director of Australian Institut of Marine and Science;
— à Bill Cumings, Director of Far North Queensland Promotion Bureau;
— aux responsables de l'Australian Information Service, Paul Carpenter à Paris, Chris Freeman à Sydney et Glynn May à Brisbane;
— à Alistair J. Glimour, Director of the Great Barrier Reef Marine Park Authority;
— aux compagnies aériennes qui ont facilité nos nombreux transports en Australie : la T.A.A., Bush Pilote Airways, Witsunday Amphibian Air Charter;
— à Yan Pedler, responsable de Heron Island Research Station;
— à Bill Coates, de Heron Island;
— aux Marine Park Rangers, Geoff Mercer et David Savage;
— à P.A. Robertson de Lone Pine Santuary, de Brisbane;
— à See Poy, de Innisfail;
— à Ben et Lyne Cropp, qui ont partagé quelques-unes de nos aventures sous-marines dans la Grande Barrière;

et à la compagnie aérienne Qantas, qui a assuré le transport de l'expédition.

AVANT-PROPOS

Franchie pour la première fois par le capitaine Cook en 1788 et, depuis, théâtre de nombreux naufrages, la Grande Barrière de corail s'étend du détroit de Torrès, qui sépare l'extrême pointe de l'Australie de la Nouvelle-Guinée, jusqu'au tropique du Capricorne, au sud. Sur plus de deux mille kilomètres elle protège la côte est de l'Australie. Depuis des milliers d'années, elle subit les assauts de l'océan Pacifique mais elle reste indestructible, car elle est un mur vivant qui, inlassablement, se reconstitue. C'est le plus grand édifice jamais réalisé. Et pourtant, ses architectes sont de minuscules animaux, les polypes, parfois à peine perceptibles à l'œil nu.

Dans des eaux d'une limpidité absolue, c'est un paradis et une jungle, parfois dangereuse pour l'homme, formée de milliers d'espèces, allant des créatures les plus petites aux plus colossales, des plus éblouissantes aux plus repoussantes, qui, avec les autres formes de vie végétales et minérales, constituent des associations aussi complexes que fragiles. Par sa diversité, sa beauté insoupçonnable, son immensité, et par les innombrables îles coralliennes, volcaniques ou continentales éparpillées sur ses eaux, la Grande Barrière d'Australie constitue l'un des grands chefs-d'œuvre de la nature. On l'a surnommée la huitième merveille du monde.

L'environnement terrestre dont elle dépend est tout aussi fabuleux. La péninsule du cap York, le Grand Nord australien, qui la délimite à l'ouest jusqu'au détroit de Torrès, est l'un des derniers grands espaces vierges de notre planète. Il est encore mal inventorié, formé de jungles à la végétation étrange, hanté par des animaux d'une autre ère, par des oiseaux multicolores, des aborigènes, et l'on y trouve des cavernes, musées de la préhistoire.

L'exploration de ces régions a donné lieu à des épopées héroïques mais aussi à des luttes sans merci entre les autochtones et les Occidentaux. Luttes qui, après bien des drames sanglants, se sont achevées par la soumission des aborigènes et l'anéantissement de leur culture.

La civilisation occidentale a laissé aussi une lourde empreinte destructive sur la nature. En effet, malgré leur isolement et leur immensité, ces régions extraordinaires sont menacées. Menacées par notre civilisation technologique qui, insidieusement, sous l'effet de diverses interactions, met en péril tout leur fragile écosystème.

C'est de tout cela que traite ce livre, fruit de quatre voyages dans le Grand Nord australien. Cependant, loin de se vouloir exhaustif, il n'a pas d'autre ambition que de rendre un peu plus familiers ces grands espaces injustement méconnus.

Page 10 : Le récif à marée basse. La Grande Barrière de corail s'étire sur plus de 2 000 km au large de la côte est de l'Australie. C'est la plus grande construction réalisée par des êtres vivants.

Page 11 : L'une des nombreuses variations de formes et de couleurs du corail *Acropora,* le plus répandu dans la Grande Barrière.

PREMIÈRE PARTIE

LA GRANDE BARRIÈRE DE CORAIL

1-Le corail, un fabuleux constructeur

La Grande Barrière de corail d'Australie. L'un des mille aspects fascinants de l'Océanie, ce monde à part, dans lequel la genèse de notre planète se poursuit. Un monde qui fit rêver l'Occident dès sa découverte au XVIIe siècle, qui fut chanté par tant de poètes, utilisé par tant de cinéastes et qui n'en finit pas d'attirer les idéalistes naïfs, les adeptes de la vie facile, les artistes en mal d'exotisme, les allergiques à notre civilisation. A cette foule incongrue se joignent, de plus en plus nombreux, les militaires et les technocrates. L'époque où l'on rêvait d'un monde meilleur déjà existant se meurt.

Située sur le contrefort est de l'Océanie, la Grande Barrière de corail, la plus belle merveille des mers du Sud, connut tardivement l'invasion massive occidentale. Aujourd'hui, bien que quelques régions aient été « contaminées » et que s'amorce le processus irréversible de la transformation, elle offre encore au voyageur la pureté rarement égalée de ses étendues sauvages, faites de plus d'eau que de terre, et souvent vierges de toute présence humaine. Son halo de mystère, né des récits des grands navigateurs qui, les premiers, affrontèrent ses écueils, n'est pas encore éteint. Et ses flots content encore les longues tragédies des centaines de naufrages survenus dans le labyrinthe de ses récifs, alors mal connus.

La Grande Barrière, qui s'étend sur 2 200 km tout au long de la côte est australienne, représente le plus grand ensemble corallien du monde, presque trois fois plus important que celui de la Nouvelle-Calédonie, situé à 1 480 km à l'est, qui vient en second. Contrairement à ce que son nom laisse supposer, et à ce que l'on crut autrefois, la Grande Barrière n'est pas un mur continu. Cette appellation désigne une étendue maritime située sur le plateau continental qui borde la côte de l'État du Queensland. Cette étendue commence au nord de l'Australie, dans les eaux du détroit de Torrès, près de la Nouvelle-Guinée, à une latitude sud de 9° 5′, pour s'arrêter exactement au-dessous du tropique du Capricorne, à une latitude de 24° sud. Elle est délimitée à l'ouest par la chaîne montagneuse des Andes australiennes et, au nord-est, par les bas-fonds puis les hauts-fonds de la mer de Corail et d'une partie de la mer de Tasman. Sa largeur, de la côte australienne à l'extrémité du plateau continental, varie considérablement : au nord, à la hauteur du cap Melville (14° 10′ S) elle n'est que de 20 km environ, alors qu'au sud, à la hauteur de la ville de Mackay (22° S), elle atteint 320 km.

Page 14 : Les circonvolutions du corail *Symphyllia nobilis* évoquent étrangement celles d'un cerveau.

Page 15 : Une multitude de vies se cachent sous les plaques de corail mort.

Page 17 : Une colonie de corail champignon, *Fungia actiniformis.* ▶

Sur cette étendue recouvrant 260 000 km² — environ la moitié de la France — une multitude de récifs, d'îles et d'îlots de toute espèce s'éparpillent comme au gré du vent dans un dédale de chenaux, de courants et d'écueils. Ce n'est qu'au nord des côtes de Nouvelle-Guinée, à la hauteur de Cairns, que les récifs sont alignés, très proches les uns des autres, formant sur 960 km une barrière difficilement franchissable.

Seul un survol à basse altitude permet de mesurer l'immensité, la diversité et la complexité de la Grande Barrière. Les longues traînées de couleurs claires et cristallines de ses lagons, faites de toute la gamme des bleus éclatants et délimités par la nuance sombre des grands fonds, la sauvagerie altière de ses îles volcaniques en à-pic sur les flots, drapées dans leur sombre manteau de végétation, la luminosité des plages de sable blanc entourant des écrins turquoise sur lesquels flottent les îles coralliennes, la surface neigeuse, étincelante de mille feux des petites cayes rondes, embryons d'îles, toutes ces images qui transpercent la pureté de l'azur pour arriver jusqu'à vous semblent les premières créations d'un joyeux début du monde. Vous êtes alors impatient de descendre dans ce monde, de le toucher, de le humer, de vous immerger dans ses eaux pour vous imprégner de sa beauté. Et vous n'êtes pas déçu.

Le dinghy fonce de toute la force de ses cinquante chevaux vers le récif Opale, soulevant deux ailes d'écume blanche au-dessus du vert tendre du lagon. Il semble irrésistiblement attiré par le bleu indigo aux reflets satinés qui s'étire entre deux rochers à fleur d'eau. Le moteur s'arrête, abandonnant l'embarcation aux caprices de la houle. Le long murmure sourd de l'immensité océanique succède au bruit agressif de l'engin. Ce murmure vous enveloppe, vous oppresse, tel un cocon, régulièrement déchiré par le bruit plus aigu des vagues du large qui heurtent avec violence la paroi extérieure, abrupte, du récif. Étrange impression d'irréalité devant tant de beauté. Le dinghy semble posé sur une matière fluide inconnue, trop cristalline pour n'être que de l'eau, invisible sous un certain angle. Lorsque le regard glisse sur la surface, loin vers l'horizon, elle apparaît comme un puzzle de pierres précieuses : des aigues-marines au bleu-vert très doux, des turquoises, plus provocantes, des saphirs au bleu lumineux et, par-ci, par-là, sur des hauts-fonds de sable corallien, le cristal le plus pur. Le ciel rivalise de luminosité et de transparence; son azur s'enfonce dans le bleu outremer du large, resurgit dans le lagon où il se repose avant de s'envoler vers d'autres étendues. Ce patchwork de couleurs féeriques et la transparence absolue de l'eau dégagent une telle pureté que le voyageur reste pétrifié. « C'est trop beau! » ne peut-il s'empêcher de murmurer. Pour augmenter votre trouble devant le paradis retrouvé, une tortue à la carapace aussi large que le canot nage calmement, à un mètre de vous. Ses formes sont aussi distinctes qu'à l'air libre. Elle remonte lentement vers la surface, sort sa tête ronde, respire et repart, en quête de nourriture ou d'amour.

Plus loin, un barracuda jaillit dans l'air. Son corps bleu nuit, dressé à la verticale sur sa nageoire caudale, semble glisser sur la surface verte des flots. Un congénère l'imite, quelques mètres derrière lui. Le murmure de l'Océan, un instant, s'amplifie. Une centaine de sternes à capuchon blanc se reposent sur les eaux, entraînées par le bercement de la houle, qui, par instants, se creuse davantage sans pour autant former des brisants. Le soleil joue dans les plumes noires et le blanc neigeux des têtes, et, sous les corps sombres, l'émeraude scintillante des eaux ondulantes semble la coulée d'une gemme en fusion.

Le reflux commence. Des plaques de corail vivant apparaissent de-ci, de-là. Vous quittez le dinghy pour une marche sur le récif encore un peu immergé. C'est tout d'abord une déception car les couleurs tant chantées ne sont pas au rendez-vous. Puis, la pureté de l'eau, ses couleurs exaltantes qui changent selon la profondeur ou les fonds qu'elle recouvre, continuent à vous émerveiller. Maintenant, la surface grisâtre du récif émerge. Elle s'étend de plus en plus loin devant vous, égayée par de petites mares cristallines, turquoise ou bleu vif, sillonnée de minuscules « rivières » elles aussi colorées et joyeuses.

Le soleil baisse à l'horizon. Dans l'un des bassins, vous observez un bouquet de corail-champignon lie-de-vin. Ses innombrables tentacules ondulent avec grâce, terminés par de petites « fleurs » jaunes à peine écloses. A côté, sur le fond de sable blanc étincelant, une étendue de corail mauve, dur, attire votre regard. De l'extrémité de ses multiples branches en forme de cornes, guère plus longues que des doigts, une matière souple, rose tendre, sort lentement et s'épanouit telle une fleur fragile. Une étoile de mer bleu vif quitte sa cachette et se propulse de ses cinq bras sur ce champ de coraux en éveil dont elle met la couleur en valeur. Une anémone parme *(Physobrachia ramsayi)* agite ses longs tentacules aux extrémités rondes, d'un blanc neigeux bordé de bleu indigo. Son poisson commensal *(Amphytrion melanopus)* va et vient au milieu de ses « bras » souples auxquels il semble se caresser avec volupté.

Lentement, vous avancez sur le corail vivant. A chaque pas, le sol crisse et s'effondre légèrement. Vous savez que vous détruisez un microcosme unique, vous vous sentez mal à l'aise et vous voudriez faire demi-tour, remonter dans le canot pour arrêter cette destruction. Mais vous continuez d'avancer, hypnotisé. Très vite, vous observez que seule la surface du récif est vivante.

Le reflux continue, ne laissant qu'une mince couche d'eau qui s'étend à l'infini, recouvrant une multitude de formes aux couleurs inhabituelles. Vous réalisez que vous êtes seul au milieu de cette immensité, sans une terre à l'horizon, comme debout sur les flots. Le bruit sourd du ressac, le chant monotone de la brise du beau temps, mille autres bruits venus du fond du lagon, la chaleur moite, la réverbération du soleil sur l'eau, tout cela vous plonge dans un état second. Un long murmure se détache de cette enveloppe de sons stéréophoniques. Le corail, vous semble-t-il, chante ses exploits. Votre regard se perd sur l'immensité de sa surface. Toujours immobile sur un micro-atoll, vous frissonnez, tout à coup angoissé. Vous remontez dans le dinghy, impatient de retrouver la terre ferme, la vraie.

Pendant le chemin du retour, il vous revient peut-être à la mémoire que le corail provenant de l'océan Indien fut utilisé en Europe dans les temps les plus reculés. On le considéra tout d'abord comme un minéral, puis comme une plante. Sa nature animale ne fut révélée qu'en 1727, par un Français, André de Peysonnel. Découverte qui ne fut acceptée par le monde scientifique que près de un demi-siècle plus tard. En 1825, deux autres Français, Quoy et Gaimard, lors d'un voyage en Australie, remarquèrent que le corail vivant ne se trouvait qu'en eau peu profonde. On sait aujourd'hui que la plupart des espèces vivent jusqu'à environ 50 mètres, quelques-unes d'entre elles pouvant atteindre — 200 mètres *(Cycloses)* ou même — 500 mètres *(Leptoseris).* Dans la Grande Barrière, comme partout ailleurs, la diversité maximale se trouve entre la surface et — 20 mètres.

Les polypes constructeurs exigent également une certaine pureté d'eau (la mise en suspension de sédiments défavorisant la pénétration de la lumière, nous le verrons, indispensable), une température optimale variant de 24° à 29°, biotherme requise pour la formation de récifs importants, des conditions de salinité (optimum 35 %), de nature de sol, de luminosité de l'eau...

En raison de ces exigences écologiques, les constructeurs de récifs ont limité leur habitat en eaux tropicales peu profondes[1].

1. Certaines exceptions sont dues à la présence de courants chauds. Tels en Australie les petits récifs de l'île Lord Howe entre le continent et la Nouvelle-Zélande, ceux sous la latitude de Brisbane et les massifs coralliens le long de la côte ouest à la hauteur de Geralton.

Page 20 : Sur les récifs, de nombreuses variétés d'étoiles de mer.

Page 21 : Une colonie de corail tendre avec ses polypes noirs en partie sortis. Ce corail, à pousse rapide, recolonise la surface des récifs morts.

Dans cette ceinture qui s'étend entre 35° de latitude Nord et 32° Sud, ils ont bâti des îlots, des îles, changé la configuration des océans, fait naître des civilisations spécifiques. Ils ont ainsi édifié des récifs et des faciès para-récifaux qui sont les plus grandes constructions faites à ce jour par des êtres vivants; elles couvrent en effet dans les mers actuelles une superficie de 160 000 km².

Quels sont donc ces animaux capables de telles constructions? Ce sont des êtres appartenant à l'embranchement animal le plus complexe qui soit, les Cœlentérés, classés dans le sous-embranchement des Cnidaires. Ils figurent l'une des formes de vie les plus anciennes et les moins évoluées. Ils sont représentés par une multitude d'espèces encore mal répertoriées. Leurs dimensions varient de quelques millimètres à quelques centimètres.

Chaque animal, fixe comme une plante, est constitué d'un tube gélatineux, le polype, lequel est recouvert d'une enveloppe calcaire sécrétée par des cellules de sa section inférieure. Chez les Scleratiniaires hermathiques, les plus grands constructeurs, le diamètre du polype dépasse rarement un centimètre.

Bénéficiant d'une sécurité relative à l'intérieur de son squelette calcaire, il restait au polype de trouver le moyen de se nourrir malgré son absence de mobilité. Pour cela, la nature le dota de moyens assez étonnants.

Cet animal sessile, à l'anatomie simplifiée, possède en effet, en contrepartie, un dispositif étonnamment élaboré lui permettant de choisir, d'attirer et de diriger dans sa cavité gastrique les proies qui constituent son alimentation : la partie antérieure du polype est couronnée de tentacules rétractiles renfermant des milliers de « sacs » faits de cellules extrêmement sensibles, les cnidoblastes. Sur la partie supérieure, des cils vibratiles, les cnidocils, s'agitent doucement. Ces sortes d'antennes déclenchent l'alerte à l'aide d'un filet nerveux auquel elles sont reliées dès qu'un micro-organisme de zoo-plancton, de préférence, mais aussi une bactérie ou des détritus divers les frôlent.

D'innombrables filaments, les nématocystes, bordés de dards venimeux, jaillissent instantanément des capsules contenues dans les cnidoblastes pour se projeter sur la proie qu'elles agrippent de leurs crochets recourbés; aidés par les cils vibratiles, les tentacules dirigent la prise vers l'orifice central qui sert de bouche et d'anus.

Lorsque les tentacules sont sortis de leur enveloppe calcaire, le corail semble couvert de petites fleurs dont la couleur et la forme varient avec les groupes, et au sein d'une même espèce. La nuit, sous le faisceau d'une lampe électrique, ces fleurs qui doucement s'agitent émerveillent le plongeur. Il ignore le drame des micro-organismes, avalés en cet instant.

Dans l'étendue maritime de la Grande Barrière de corail, les coraux bénéficient d'une nourriture planctonique abondante due à des courants qui font remonter en surface des micro-algues, une conséquence de l'anticyclone qui passe au sud de l'Australie. C'est ce qui expliquerait en partie leur croissance et leur expansion uniques au monde.

L'enveloppe calcaire, ou calice corallien, dans laquelle est posé le polype, croît en hauteur. Elle est composée d'une plaque basale de laquelle s'élèvent une paroi externe et six, douze ou dix-huit fines lamelles calcaires, les septes. La sécrétion de carbonate de calcium par la section inférieure du polype recouvre petit à petit la plaque basale, obligeant l'animal à en former une autre qui, à son tour, sera emmurée par la sécrétion calcaire et ainsi de suite.

La synthèse de calcaire est activée par la présence d'une algue unicellulaire dans les cellules endodermiques des coraux, la zooxanthelle. Cette association animal-végétal, une endosymbiose, est exemplaire. Le polype profite des sucres, glycérines, acides aminés provenant de l'activité métabolique des micro-algues.

Ces dernières utilisent le gaz carbonique produit par la respiration du polype pour fabriquer les sucres et l'amidon dont elles se nourrissent; puis, pour transformer l'amidon en protéine, elles utilisent certains produits chimiques provenant de la digestion du polype. D'où une pureté maintenue dans le milieu ambiant qui favorise la croissance du corail.

Le polype maintient à peu près stable son peuplement en micro-algues en en rejetant dès que leur nombre va au-delà d'environ un million au centimètre carré. Cette alliance a limité l'habitat des coraux dans les mers peu profondes car, pour réaliser la photosynthèse, première source de vie, la zooxanthelle doit pouvoir capter les rayons solaires.

Une branche de corail est généralement formée par une colonie de centaines de milliers d'animaux soudés les uns aux autres. A l'exception de l'animal d'origine, tous sont le fruit d'une reproduction de type asexué. En effet, le polype se reproduit le plus souvent par bourgeonnements, c'est-à-dire en « poussant » comme une plante. Il utilise la reproduction de type sexué pour la diffusion des espèces. L'animal, né d'un œuf fécondé et détaché de la colonie, se fixe sur un substrat solide pour fonder à son tour une colonie. Chaque génération construit sur le squelette calcaire de la génération précédente. C'est pourquoi, au cours des millénaires, les coraux ont pu bâtir d'aussi gigantesques édifices.

Les coraux sont représentés par un foisonnement d'espèces aux formes les plus diverses dont l'inventaire n'est pas terminé. Il y a quelques années, les chercheurs australiens se sont aperçus que chaque espèce pouvait prendre différentes formes. D'où la difficulté d'établir une classification et l'obligation de la réviser continuellement.

Pourquoi une telle multitude d'aspects? Dans les mers, comme sur terre, le milieu ambiant sculpte les animaux qu'il abrite. Soumis à de forts courants, les squelettes des coraux prennent des formes massives ou encroûtantes alors que dans les zones calmes ils croissent en formes lamellaires ou branchues.

Tous nous enchantent. Étrangement, ils imitent des formes terrestres ou célestes : un champ d'étoiles en miniature comme certaines colonies du corail *Galaxea;* un somptueux bouquet aux couleurs agressives; ou encore les coupelles finement ciselées du *Leptoseris yabei.* Le genre acropore, le plus répandu dans les eaux peu profondes des lagons de la Grande Barrière, est particulièrement varié. Les longues branches de l'acropore-andouiller rappellent des bois de cerf et se déploient en larges formations plus ou moins hautes, dont la couleur va du blanc cassé au rose soutenu. Cette espèce, dans des conditions normales, peut grandir de cinq centimètres par an. L'*Acropora humilis* constitue des rassemblements plus modestes, avec des branches en forme de doigts dont le rose éclatant contredit parfois son appellation.

L'espèce *Symphyllia nobilis* évoque curieusement les circonvolutions d'un cerveau humain. A la nuit, ses polypes sortent de leur enveloppe et apparaissent comme des petits pois phosphorescents, encastrés dans les boursouflures brunes de leur squelette calcaire. Ce corail n'épaissit que de quelques millimètres par an.

D'autres espèces imitent la texture des champignons et la couleur du dessus de leur chapeau; ou au contraire, les lamelles neigeuses du dessous *(Fungia echinata).* Ou encore, leur grand nombre rappelle une étendue de ces végétaux, comme chez le corail *Pavona decussata.*

Pour prendre conscience de l'épaisseur phénoménale des constructions de corail, il faut vous rendre sur un récif extérieur, c'est-à-dire à l'extrémité du plateau continental, là où les rouleaux du Pacifique viennent s'écraser. Il faut partir par grand beau temps avec un excellent navigateur de la région, connaissant parfaitement les courants violents qui sévissent entre les écueils et arriver sur place au début de la marée basse. L'eau, venue de la haute mer, coule sur la surface du récif en longues traînées où toutes les gammes de bleus et de verts sont représentées. Elle cascade dans les sillons profonds, s'engouffre comme une furie dans d'étroites

Pages 24-25 : Conséquence d'un phénomène naturel ou de la pollution, à Green Island et dans d'autres régions, de grandes étendues de récifs meurent.

failles, tout autour de vous. Dans ces chenaux de grande profondeur, les courants sont parfois si violents qu'ils neutralisent, ou peu s'en faut, la force des moteurs de bateau de vingt-huit mètres, filant neuf nœuds, qui essaient de les remonter. La vitesse de l'eau sur les parois verticales est telle qu'elle empêche toute forme de vie de s'y accrocher et que, au cours des millénaires, elle les a rendues parfaitement lisses.

Chaussé de baskets, vous marchez avec précaution sur la surface vivante du corail, particulièrement exubérant à cette distance des côtes. Le bruit sourd, grondant, terrifiant des flots de l'Océan vous enveloppe. A l'ouest, l'immensité calme des eaux du lagon, striées de couleurs irréelles; à l'est, le bleu violent des grandes profondeurs du Pacifique, ourlé tout au long du récif d'une dentelle neigeuse, arachnéenne, formée par l'écume des vagues du beau temps. Si vous êtes accompagné par un très bon plongeur, connaissant l'endroit, et si la mer est très calme et la marée montante encore loin, plongez dans cette couleur sombre pour vous rendre compte de l'à-pic de la pente externe du récif. Mais, attention, ne vous y attardez pas trop car les flots, soudainement, peuvent vous projeter avec force et vous assommer contre le mur de corail.

Des surplombs, des vasques, des entrées de grottes gigantesques, des pans vertigineux, des fissures de jaillissement, des trous souffleurs se succèdent. Le récif descend tout d'abord en pente douce, recouverte des mêmes genres ou espèces de coraux que ceux de la surface. Puis, brusquement, c'est un pan vertical qui, pour un peu, vous donnerait le vertige. Vous descendez toujours. Un requin s'approche. Vous vous propulsez hors de son champ. Il disparaît, aussitôt remplacé par un autre. Vous vous répétez que les requins sont rarement dangereux pour l'homme, que ces intimidations ne sont qu'une défense de territoire. Une raie à longue queue, une pastenague, passe comme une flèche, sans un mouvement du corps. Vous reprenez votre descente le long du pan vertical. Vous l'abandonnerez sans avoir vu le socle de cette étrange muraille dont le phénoménal volume, mis à part la mince pellicule vivante qui la recouvre en partie, est constitué des squelettes de polypes et de mollusques réduits en poussière, et colmatés par des algues microscopiques. Le temps et la pression de l'eau ont transformé la muraille en un bloc calcaire étonnamment résistant. Un bloc capable de subir sans dommages les assauts de vagues ordinaires déployant une force de cinq cent mille chevaux; capable également de défier la force bien supérieure des tempêtes; mais bien moins résistant aux vents et aux cyclones venus de la mer de Corail. Des typhons emportent parfois des îlots entiers; les vagues de fond peuvent alors détruire les récifs sous-marins en descellant les coraux de leur base. La Grande Barrière constitue un prodigieux bouclier qui protège les côtes australiennes de la furie des assauts du Pacifique.

Comment se sont formés ces innombrables récifs qui s'élèvent des profondeurs de la mer? Pourquoi ne se trouvent-ils que dans certaines régions du globe?

Dès le XIXe siècle, la découverte des atolls du Pacifique — absents de la Grande Barrière — passionna les scientifiques occidentaux sans qu'ils parviennent à résoudre l'énigme qu'ils représentaient. Pourquoi existait-il des étendues de corail formant une couronne autour d'une étendue d'eau, cela en plein océan?

En 1821, von Chamiso avança une hypothèse. Les coraux, des atolls, disait-il, avaient proliféré sur les bords de cratères sous-marins, ce qui expliquait leur forme circulaire, l'étendue d'eau peu profonde qu'ils encerclaient et les fosses sous-marines de leur périphérie.

Cette théorie, l'une des premières, n'apparaissait pas satisfaisante pour d'autres catégories de récifs, comme les récifs frangeants ou les récifs barrières. On lui préfère aujourd'hui celle de Darwin, jeune savant anglais, parti en Australie sur le vaisseau de recherche *H.S.M. Beagle* (1831-1836). Cette théorie suggère que le corail commence à s'établir le long d'une île en formant un récif frangeant; l'aspect de la construction n'est alors dû qu'à des facteurs de l'environnement. Or, si le récif qui s'est formé le long d'un rivage d'une île qui s'enfonce lentement dans la mer par suite d'un affaissement du fond océanique, les coraux, afin d'éviter une immersion trop profonde, vont contrebalancer ce mouvement par une croissance verticale, en couches successives. Lorsque l'île aura complètement disparu dans les eaux, il ne restera plus qu'un anneau corallien.

Cette théorie suffit à expliquer la formation des récifs dans un certain nombre de cas isolés. Au cours de millions d'années, le fond des océans se serait en effet affaissé peu à peu dans certains endroits et le niveau des eaux se serait élevé, obligeant le corail à proliférer toujours plus haut pour maintenir son émergence vitale.

Au début du siècle, une autre théorie fut émise par le géographe Penck puis fut reprise par le géologue Daly. Selon eux, au cours des quatre périodes glaciaires, le niveau des océans a baissé par le phénomène de la rétractation des eaux lors de leur transformation en glace. Pendant ces périodes, les récifs qui se retrouvèrent à l'air libre subirent une érosion rapide qui les transforma en plates-formes. Lors de la fonte des glaces, en période interglaciaire, ces plates-formes furent lentement immergées, offrant aux polypes constructeurs les conditions écologiques nécessaires à leur vie. Ils s'y fixèrent et édifièrent des récifs barrières et des atolls.

Aujourd'hui, de nouvelles théories synthétiques, tenant compte du mouvement des plaques tectoniques, rendent mieux compte de l'origine des constructions coralliennes.

Encore étourdi de votre descente le long de l'à-pic vertigineux du récif, vous vous demandez quelle peut être sa hauteur totale et à combien de millions d'années remonte le début de sa construction. Les Anglais, dès le début du siècle, puis les Japonais et les Australiens cherchèrent une réponse. Les forages dans différentes îles coralliennes ou dans des cayes descendirent à plusieurs centaines de mètres sans atteindre la roche d'origine. Après la guerre, des études intensives furent menées par la Commission d'énergie atomique des États-Unis. On employa les équipements les plus modernes. Des essais sismiques, des forages furent entrepris en dehors de la Grande Barrière, sur l'atoll de Bikini. Le substrat n'apparut qu'à 1 332 mètres. Ce qui aboutit à une conclusion corroborant la théorie de Darwin, à savoir l'affaissement du fond des océans et la prolifération des bancs de corail vers la surface.

La datation pratiquée sur des échantillons prélevés à plus de trois cents mètres révèle que certaines roches coralliennes datent du miocène, c'est-à-dire de vingt à trente millions d'années. D'autres seraient en expansion verticale depuis cinquante millions d'années. Ainsi, ce sont des animaux peu évolués qui ont colonisé les eaux pures et chaudes de notre planète. Renaissant sur leurs morts, ils sont arrivés à édifier des murailles océaniques plus importantes et plus solides que les constructions humaines actuelles. Sans bruit, ils continuent leur œuvre, là, sous vos pieds qui pourtant les massacrent. « Être fécond, croître, multiplier, remplir la terre[1] », ou les océans, telle semble être la programmation de tous les êtres vivants. En tirant votre dinghy sur le sable fait de poussière de corail, avant de regagner votre camp, la notion d'être inférieur ou supérieur vous rend tout à coup terriblement songeur.

1. La Bible. Genèse, chapitre premier.

Page 28 : Vue aérienne d'un récif bordé par l'écume des brisants. Aux différentes teintes de bleu correspondent différentes profondeurs. Tout autour, le bleu indigo des grands fonds.

Page 29 : La Grande Barrière de corail, ce joyau de l'Australie, est considérée comme la huitième merveille du monde.

Air Whitsunday
THE GREAT BARRIER REEF AIRLINE

2- La genèse d'une île

Maintenant que vous connaissez mieux le corail et ses dons de bâtisseur, vous avez envie de vous rendre compte de son rôle dans la formation des îles et des îlots coralliens. Pour cela, il faut vous rendre sur une caye à son premier stade de formation. Car les îles coralliennes, comme les récifs et comme toutes les formes de vie, végétale, minérale ou animale, naissent, croissent, décroissent pour mourir.

Michaelmas est un bel exemple d'embryon d'île et facile d'accès puisque, hélas! cet endroit est devenu très touristique; des bateaux partent de Cairns tous les jours et vont y déverser leurs flots de visiteurs.

Une heure de navigation un peu monotone dans les eaux profondes qui offrent simplement le spectacle de leur bleu sombre et moiré. Puis, à l'horizon, une étrange langue de terre blanche, comme suspendue au-dessus du bleu agressif de la mer. Un mirage, pensez-vous! Le bateau avance, la lumière change mais l'insolite morceau de plage, seul au milieu de l'Océan, ne disparaît pas. C'est une étendue de sable qui donne l'impression de se trouver sur des hauts-fonds. Il n'en est rien car l'eau, pourtant parfaitement cristalline, ne laisse rien entrevoir du fond sous-marin.

Quelques instants plus tard, Michaelmas apparaît, tache blanche étincelante qui, à mesure que le bateau s'en approche, révèle sa forme en croissant de lune. Les machines s'arrêtent. L'ancre est jetée. Une barque vous emmène à terre, voguant sur des eaux turquoise où vous apercevez une multitude de poissons colorés qui vont et viennent dans un paysage aquatique de bouquets de coraux et d'anémones. Devant vous, la réverbération sur le sable est insoutenable; elle vous oblige à baisser le regard vers le fond de la barque. Vous abordez sur une longue plage blanche circulaire et pentue qui entoure une plate-forme un peu moins éclatante, haute d'un peu plus d'un mètre, longue à peine d'une cinquantaine de mètres. Des milliers d'oiseaux nidifient à même le sol. Ils vous accueillent par des piaillements de colère et de peur. Des œufs sont éparpillés parmi une maigre végétation rampante. Des oisillons, complètement affolés, cherchent leur mère en lançant des pépiements aigus et en courant en tous sens. Des centaines, des milliers d'oiseaux s'envolent brusquement en formant un vol compact qui effleure votre tête, votre visage. Ils se reposent à quelques mètres de vous, loin de leurs petits. Une fois de plus, vous vous sentez un intrus.

Puis, vous observez. Tout autour du sable de la plage, la marée basse découvre une surface brune, polie et luisante. C'est le socle corallien sur lequel l'îlot s'est construit. Par l'un des phénomènes cités plus haut, cette plate-forme, avant la naissance de l'îlot, se trouva exposée à l'air pendant le reflux. Le corail mourut en surface et se désagrégea lentement. Certains débris, trop lourds pour être éparpillés par le vent et la marée, furent poussés peu à peu dans la partie la plus abritée du récif, où ils furent retenus par une proéminence. A leur tour, ils arrêtèrent d'autres fragments de coraux et de coquillages apportés par les flots. Petit à petit, l'amoncellement émergea. Sous l'action de certaines algues, ces débris se pulvérisèrent et le ruissellement les transforma en grès. Au cours des millénaires, leur hauteur et leur longueur augmentèrent jusqu'aux dimensions actuelles; elles continuent à croître.

Très tôt, les oiseaux marins vinrent se poser sur cette surface solide, en plein océan. Plus tard, ils y nidifièrent. Ils enrichirent lentement le sol de leurs excréments qui, bientôt, recouvrirent l'îlot d'une mince couche d'humus organique. Ils y laissèrent tomber des graines, collées à leur plumage lors de leur passage sur d'autres îles ou sur le continent. Le vent et la mer en poussèrent d'autres sur le rivage. La vie végétale apparut sous forme de plantes rampantes, qui aujourd'hui tapissent en partie la surface de l'île. Quand l'épaisseur de guano sera suffisante et que le hasard apportera une graine adéquate, l'arbre fera son apparition. Pour conquérir la nouvelle terre, il croîtra, se multipliera. Le sol, enrichi de son humus végétal, accueillera d'autres espèces végétales. Ainsi, grâce à l'action des eaux, des minéraux, des animaux et des végétaux, une nouvelle terre se façonnera.

De tels îlots sont particulièrement fragiles, fluides même, car aucune végétation à racines profondes ne consolide leur sol. Les courants et les marées les font imperceptiblement bouger sur leur socle. Ces dernières années, les scientifiques auraient enregistré une diminution de leur taille. Ils ont dit et redit combien les îles coralliennes adultes sont, elles aussi, vulnérables, combien elles supportent mal l'interférence de l'homme dans leur équilibre précaire. Un séjour sur l'île Héron vous en convaincra vite, en même temps qu'il vous offrira des émotions aussi belles que nouvelles.

Pour vous y rendre, vous empruntez l'un des hélicoptères Bell 206 qui assurent la liaison entre Glasgow et l'île, à une distance de 70 km. Trente minutes d'un vol inoubliable à basse altitude. Il faudrait trop de superlatifs pour décrire les mille dégradés subtils du bleu et du vert des eaux, leur brillance, leur transparence perceptibles même à cette altitude. Vous songez que rarement une œuvre d'art vous a autant ébloui. Les Australiens ont raison de dire qu'ils n'ont ni cathédrale ni pyramide mais qu'ils possèdent la huitième merveille du monde.

Derrière la mince frange neigeuse des brisants, les récifs peu immergés, d'un brun rosé ou violine, plus ou moins foncé, s'étirent en longues formes paresseuses et s'effilochent vers l'émeraude provocante des eaux du lagon, striés de bleu cobalt et de bleu indigo qui se noient dans le bleu sombre des bas-fonds. Vous survolez l'île corallienne Masthead, « déposée » sur une symphonie de bleus scintillants; puis l'île Erskine, elle aussi allongée sur un écrin d'eau féerique; le récif Witari. Et voici Héron, une perle verte dans la mer, sertie d'une fine bordure d'argent. L'altitude vous permet de percevoir une partie du récif sur lequel elle s'est construite. Trente et un kilomètres carrés de surface corallienne dont l'édification commença il y a seulement deux millions d'années. Pendant cette période, l'affaissement du niveau des mers fit varier la hauteur de l'eau au-dessus du plateau continental, ce qui se répercuta sur la croissance du récif.

Sur cette immensité où les bleus et les verts les plus somptueux s'enlacent, une masse de sable de 18 hectares seulement, haute d'à peine 5 mètres, recouverte d'une végétation luxuriante. Héron représente l'île corallienne dans toute la splendeur de l'adolescence. Encore quelques instants de joie visuelle, et, dans un bruit assourdissant qui met fin à votre euphorie, l'hélicoptère se pose sur Héron.

C'est l'une des seize îles du groupe du Capricorne, traversé par le tropique du même nom qui, avec le groupe Bunker à sa suite, termine la Grande Barrière au sud.

Page 32 : La Grande Barrière est un cimetière d'épaves de bateaux, naufragés sur ses récifs et ses hauts-fonds.

Page 33 : Un héron *Egretta sacra* dans sa phase grise, sur l'île de Héron.

Bien que ces deux groupes soient situés à l'est et très en retrait des autres récifs, dont ils sont séparés par le chenal du Capricorne, ils représentent l'une des régions les plus importantes de la Grande Barrière. Leur position, aux confins de deux mondes, les fait bénéficier en effet d'une population biologique extrêmement riche. Par une loi de sélection d'autant plus sévère que la compétition est plus grande, cette population acquiert ici des caractères génétiques qui se retransmettront dans toute la Grande Barrière.

A votre descente d'hélicoptère, la chaleur moite de l'été subtropical vous assaille. La réverbération est insoutenable. Vous faites quelques pas sur le sable brûlant avant de vous retrouver à l'ombre des lourds feuillages des pisonias. Songeur, vous regardez ces beaux arbres au tronc clair qui, comme par magie, sortent du sable étincelant. Un puffin émerge d'un trou creusé entre les racines apparentes, ancien terrier de lapin; un autre semble couver à même le sol. Au-dessus de votre tête, c'est un véritable tintamarre : bruissement des feuillages, cris d'oiseaux, pépiements de leurs petits. En levant les yeux, vous apercevez d'innombrables boules brunes, légèrement allongées. Ce sont les nids des sternes, ou hirondelles de mer, fabriqués avec les feuilles sèches du pisonia. Ces oiseaux nidifient sur l'île par milliers. En été, ils sont si nombreux qu'il faut parfois les chasser des deux mains. Le vacarme de leurs cris au coucher du soleil se supporte difficilement. Des recherches ont révélé que c'est aux sternes que l'on doit la présence du pisonia sur l'île; cet arbre se contente en effet de sable corallien, simplement enrichi de leur guano. Sans cet engrais spécifique, le pisonia n'aurait pas pu coloniser Héron.

Au pied du pisonia, un oisillon se débat. Il est tombé du nid sur le sol jonché des fruits collants de l'arbre, qui recouvrent son jeune plumage à mesure qu'il s'agite. Trop alourdi par leur poids, il ne peut plus s'envoler. Ces fruits se collent également au corps des adultes qui les transportent sans effort; au hasard de leurs vols, ils se détachent et tombent sur des îles ou des embryons d'îles, ou encore dans les flots qui, un jour ou l'autre, les déposeront sur un rivage. Leur enveloppe épaisse résiste à l'agression de l'eau de mer, comme le font souvent celle des autres fruits et des graines de ces régions. Sans les sternes, le pisonia ne pourrait étendre son domaine sur d'autres îles.

Les quatre autres espèces d'arbres de Héron sont également tributaires de la présence permanente ou momentanée de sept espèces d'oiseaux. Certains sont attirés par l'île quand éclosent les œufs des 700 tortues, survivantes d'un grand massacre, qui depuis des millénaires viennent pondre sur Héron[1].

En général, si l'on excepte la bordure côtière, chaque espèce d'arbre s'est groupée en colonies, là où le sol est le plus propice à sa vie. Vous admirerez la forme circulaire du tournefortia, à l'envergure étonnante par rapport à sa hauteur; son lourd feuillage s'ouvre autour du tronc comme un parasol et descend parfois jusqu'au sol; ses fleurs, d'un blanc laiteux, disposées en gros bouquets, attirent des milliers d'insectes gourmands de leur nectar.

Perchés en hauteur pour éviter l'assaut des vagues, les casuarinas agitent leurs longues chevelures tombantes au-dessus du sable de la plage. Les pandanus se mêlent à eux, aussi étonnants par leurs racines aériennes que par les multiples et larges bouquets de leurs palmes, situés à l'extrémité de chacune des branches évasées.

Les oiseaux sont partout. Les hérons, gris ou blancs, qui ont donné leur nom à l'île, vous regardent passer, impassibles sur une branche de pandanus. Des puffins, des noddis, des hirondelles de mer, des aigles blancs des mers, des râles, des fous vont et viennent au-dessus des eaux du lagon en grands vols élégants. Pourquoi tant d'oiseaux? Pourquoi, par exemple, les hirondelles de mer viennent-elles par milliers sur Héron en particulier? Jeff, l'un des « rangers » chargés de la surveillance des animaux terrestres et sous-

1. Six espèces dont trois viennent pondre sur l'île. Le groupe d'îles Capricorne et Bunker sont les plus grands centres de reproduction du monde de la tortue verte et tortue-à-bec.

marins de l'île, vous en donne l'explication. Les thons sont très nombreux dans ce lagon. Au cours de leur chasse, ils font remonter en surface des millions de petits poissons dont se nourrissent les sternes ; autrement dit, à proximité de la terre ferme, la nourriture est abondante et facile à capturer. L'interdépendance des espèces apparaît avec plus d'acuité. Les sternes transforment le poisson en guano dont se nourrissent les pisonias; ces derniers, en contrepartie, abritent leurs oiseaux bienfaiteurs. Les pisonias permettent également à quelques plantes grimpantes et rampantes, et à quelques herbes, de pousser sous leur ombre protectrice en se nourrissant de leur humus. Ces petits végétaux, à leur tour, protègent le sable du vent, et aident ainsi le monde minéral à prendre une forme sédentaire.

Cet exemple montre combien est complexe l'interdépendance des formes de vie dans la Grande Barrière. Complexité unique, née de l'extrême richesse de la faune — l'une des plus riches de notre planète — de l'interpénétration de différents types de terres (régions côtières d'un continent, îles continentales, îles volcaniques, îles coralliennes), et d'un monde sous-marin d'autant plus riche qu'il commence dans le détroit de Torrès, à l'intersection de l'océan Indien et de l'océan Pacifique.

Pages 36-37 : Caye de Michaelmas, une île corallienne au premier stade de sa formation. En enrichissant le sol de leur guano, les sternes et d'autres oiseaux ont permis l'apparition d'une végétation rampante qui fixe le sable.

3-Une faune sous-marine fantastique

Les coraux sont les grands responsables de la somptuosité, l'originalité et l'incroyable richesse spécifique de la faune marine. Ils n'en représentent pourtant qu'environ un dixième. La multitude des formes et des couleurs du corail vivant, les diverses sortes de promiscuité des espèces ont en effet créé quantité d'habitats spécifiques auxquels s'ajoutent ceux constitués par les coraux morts, gigantesques masses qui s'enfoncent dans les profondeurs des eaux en une succession de labyrinthes, de grottes, de tunnels, de cuvettes, de surplombs et de crevasses. En offrant un tel choix d'abris, éparpillés sur des profondeurs aussi diverses, le corail attire vers lui une multitude d'animaux qui vont de l'être unicellulaire aux monstres de la mer.

Les invertébrés grouillent dans ses eaux, le plus souvent invisibles. Leur étrangeté a de quoi surprendre, et fait percevoir la transition subtile du monde végétal au monde animal mieux que les livres ne sauront jamais le décrire. Ces animaux peuvent être microscopiques, comme les animalcules de certains planctons, ou, au contraire, gigantesques, comme le bénitier *(Tridacna).* Par leur consistance gélatineuse et leurs formes aériennes, de nombreuses espèces inspirent un plaisir visuel jamais émoussé. Tel ce bouquet de corail mou *(Xenia elongata)* dont les tentacules, en pleine expansion, constituent de magnifiques bouquets bleus sur un support d'opaline; ou cette colonie d'hydroïdes *(Pennaria australia)* dont les polypes forment une délicate branche fleurie d'iris féeriques. Les « pieds de fougères », en réalité un rassemblement d'hydroïdes *(Aglaophenia enpressina),* ravissent par leur finesse. (Mais attention : ces animalcules sont urticants.)

Les anémones de mer sont peut-être les plus gracieuses. Elles agitent leurs grands tentacules opaques, toujours tendrement colorés, et semblent s'adonner à une danse lascive. Des méduses de toutes sortes dérivent au gré des courants en remuant doucement leurs longs filaments élégants. Les éponges prennent des formes aussi diverses qu'inattendues. Certaines, couleur de minium, sont reconnaissables comme telles; d'autres ressemblent à des doigts blancs, tenus verticalement; d'autres encore évoquent des plantes.

Il y a aussi les incroyables *Synapta maculata,* longs de près de 4 mètres, simples poches d'eau trouées aux deux extrémités dont l'une est dotée de tentacules. Les colonies d'ascidies à l'aspect vaporeux, les holothuries, toutes ces formes de vie qui n'ont pas l'apparence d'animaux et qui, pourtant, ne sont pas des végétaux, aiguisent la curiosité. Et l'on voudrait disposer de longs mois pour mieux les observer, mieux les admirer, mieux les photographier.

Vous constaterez également la surabondance des mollusques de la mer. Vous vous étonnerez de voir une porcelaine, objet décoratif en Europe, se couvrir d'un voile fait de la chair de son propriétaire, le manteau, généralement recouvert de papilles. Au fur et à mesure de vos plongées, vous découvrirez la beauté des coquillages de toutes espèces. Vous les observerez toutes, vous les photographierez et, après un dernier regard, vous les abandonnerez à leur destinée car vous n'appartenez pas à l'espèce touriste pilleur. Le soir, en flânant dans les rues d'un centre touristique, vous ne succomberez pas à la tentation de les acheter dans un magasin de *curios* dont les étagères croulent sous leur nombre, véritable provocation au pillage de la mer[1].

Vous ne vous lasserez pas de regarder, avec incrédulité, la petite limace volante au pompon rouge, dont le corps noir rayé de blanc s'orne du voile orange et ondulant de ses branchies *(Chromodoris quadricolor).*

Il vous arrivera peut-être de déceler, sans microscope, la présence d'animalcules. Ce jour-là, lors d'une promenade sur la plage, tard dans la soirée, la phosphorescence des crêtes des vagues étonne autant qu'elle ravit. Un effet de lune, pensez-vous. En réalité, il s'agit de plancton lumineux en suspension dans l'eau. Constitué par des myriades d'organismes souvent microscopiques et transparents, mais parfois gigantesques — ils peuvent mesurer 3 mètres — les différentes espèces du plancton ont colonisé les eaux de la terre entière, sans exception.

Il y a trois milliards d'années, lorsque le plancton végétal, ou phytoplancton, eut réalisé la prouesse, tellement grave de conséquences, de stocker l'énergie solaire en glucides et en protéines, il devint le moteur de la vie et déclencha l'interminable succession d'échanges d'énergie entre les êtres vivants. Il produit les deux tiers de l'oxygène de notre atmosphère. Sans lui, le gigantesque mécanisme d'échange d'énergie s'arrêterait. Il n'est donc pas étonnant qu'à notre époque, où la pollution de l'air et des océans risque d'interférer dans sa prolifération, des recherches intensives lui soient consacrées.

Pendant longtemps, on considéra ces organismes comme des formes de vie incapables de locomotion et de décision. Mais, grâce aux dernières optiques grossissantes, associées au rayon laser, un spécialiste du centre de recherche australien (Australian Institut of Marine & Sciences) a réussi à filmer des copépodes, larves de crustacés, en train de poursuivre leur proie puis de la choisir parmi d'autres particules. Ces images font découvrir combien les différentes parties anatomiques de ces animalcules forment des mécanismes astucieux, précis et efficaces.

Le plancton est extrêmement prolifique dans les eaux tropicales de la Grande Barrière, où il est représenté par une multitude d'espèces. Il forme un gigantesque bouillon de culture qui attire d'innombrables poissons dont il est la nourriture; poissons qui, à leur tour, attirent, par leur profusion, la multiplication d'autres espèces, leurs prédateurs. Cette abondance se retrouve, bien sûr, tout au long de la chaîne alimentaire. Actuellement, environ mille quatre cents espèces de poissons ont été répertoriées, elles-mêmes subdivisées à l'infini.

Le rôle de cette faune, nous dit la biologiste Isabel Bennett, est extrêmement important car elle intervient dans bien des domaines. Certaines espèces, comme le poisson-perroquet, broutent le corail pour se nourrir des algues qu'il contient et, ainsi, le réduisent en poussière; ce processus active le dépôt de calcaire qui entre dans la composition des récifs. Un seul poisson produit sans doute 15 kg de sable par an. D'autres, comme le requin-baleine, mangent le plancton fait de billions de larves et d'œufs; ils « contrôlent » en quelque sorte les naissances et maintiennent un certain équilibre dans les différentes populations concernées. Enfin, les poissons, en majorité carnivores, seraient également responsables de l'habitude qu'ont des éponges, des vers, des mollusques et bien d'autres, de vivre cachés dans le sol, sous les roches et même à l'intérieur du corps d'autres animaux, sans pour autant être des parasites.

1. Les coquillages vendus dans la Grande Barrière sont importés des Philippines.

Pages 40-41 : La baie de Cairns, l'une des principales villes touristiques de la Grande Barrière.

Les poissons sont vraisemblablement apparus il y a plusieurs centaines de millions d'années. Ces millénaires leur ont donné le temps de se diversifier à l'infini afin de coloniser tous les habitats proposés, avec un maximum de chances de survie. Les espèces elles-mêmes se sont scindées en sous-espèces en se spécialisant encore, pour subir moins fortement la lutte épuisante d'une trop grande compétition. Les labres, par exemple, représentent soixante genres formés de quatre cent cinquante espèces.

Malgré cette évolution, les eaux de la Grande Barrière sont une véritable jungle où la compétition pour la vie, c'est-à-dire manger sans être mangé, atteint une intensité rarement égalée : les scientifiques pensent que moins de un animal marin sur dix millions meurt de mort naturelle. Cette compétition exacerbée a débridé l'imagination de la nature. Des milliers de comportements, de formes, de couleurs, d'associations de couleurs, de ruses anatomiques et d'alliances insoupçonnables en ont éclos, lentement élaborés par chaque espèce au cours des millénaires.

Plonger dans un tel monde représente une expérience unique. A quelques mètres de profondeur, la clarté, la limpidité de l'eau et sa température font oublier le milieu aquatique. Vous avez l'impression d'être devenu le héros de quelque roman de science-fiction, planant dans les airs d'une planète étrange où les oiseaux ont la forme de poissons. Les images sont parfaitement nettes, nullement enrobées du flou habituellement donné par d'autres flots. Vous aurez peu de chance de croiser les monstres de l'Océan comme le requin blanc, surnommé « la mort blanche », long de 10 mètres, ou le requin-tigre. Vous souhaiterez ne pas rencontrer une meute de requins-marteaux ou requins-baleines en train de chasser un dauphin ou une grosse tortue. Mais vous croiserez plus facilement le black-tip *(Cacharinus spallazani)* et le requin à queue blanche *(Triaenodon apicalis)* qui sont sans grand danger pour l'homme. Vous attraperez facilement un requin-épaulette *(Hemicyllium oscellatum)* dans un bassin de corail, à marée basse; vous lui mettrez sa queue dans la gueule. Ses mâchoires se resserreront sur la chair et, une fois remis à l'eau, il tournera sans fin sur lui-même, en essayant d'avaler... son propre corps!

Les requins des eaux tropicales sont sans doute moins agressifs envers l'homme que ceux des eaux tempérées[1]. Ces animaux appartiennent à la plus ancienne branche des elasmobranche. Leur longue évolution au cours des âges a lentement sculpté leur corps et fait d'eux des merveilles d'adaptation au milieu : des formes aérodynamiques, pouvant fendre les grandes pressions avec le minimum d'efforts, une musculature étonnante, leur permettant d'atteindre de très grandes vitesses. Et pourtant, ces animaux de la préhistoire ont un squelette cartilagineux qui a peu changé. Vous apercevrez peut-être, au-dessus de votre tête, un serpent de mer reconnaissable à sa queue plate, en train de nager paresseusement en surface.

Mais vous aurez peu de chance de voir évoluer, tel un gigantesque oiseau, la raie noire géante *(Dasyatis brevicandata)* à la queue serpentiforme de plus d'un mètre, ou la raie Manta, pouvant atteindre 8 mètres d'envergure.

Vous rencontrerez probablement la raie du lagon *(Taenuira lymma)*; elle arrivera sur vous comme une flèche, en une trajectoire rectiligne, et virera brusquement à la vue de vos pieds, à moins qu'elle ne se sauve sous vos pas qui l'auront délogée du sable où elle se cachait. L'habitude de vivre le plus souvent sur le fond de l'Océan aurait déterminé ses formes plates, la faisant se confondre avec le sol. Mystérieux mimétisme au milieu ambiant, auquel s'ajouterait l'action de la pression de l'eau : comme la raie a l'habitude de se tenir sur le fond de l'Océan, la pression ne s'exerce que sur la face supérieure du corps, et a donc tendance à l'aplatir. Chez les requins, l'inverse s'est produit; la force de l'eau s'est exercée sur toutes les parties du corps, d'où son fuselage parfait.

1. De 1901 à 1968, on a enregistré quarante-cinq attaques dans la Grande Barrière, dont douze fatales (J. Singe).

Bien d'autres géants hantent les eaux de la Grande Barrière. La seule véritable occasion de les voir, c'est de participer à un tournoi de pêche aux gros poissons. Ces compétitions rassemblent les amateurs de grosses prises du monde entier. Les tournois les plus célèbres sont ceux de Cairns, de Dunk Island et d'Innisfail. Ils ont lieu de juin à octobre. Grâce à des installations souvent sophistiquées, beaucoup de force musculaire, mais surtout une patience à toute épreuve et un peu de chance, les pêcheurs sortent des marlins de plus de 5 mètres, des voiliers de plus de 3 mètres et des mérous de 250 kg, d'énormes truites corail, des thons gigantesques, et bien d'autres. La plupart des prises, une fois mesurées, pesées, recensées et baguées, sont remises à l'eau. Les autres, les plus beaux spécimens, meurent lentement sur le bateau avant d'être exposés sur le rivage à l'admiration des foules! Vous l'avez deviné, le plus grand prédateur de la Grande Barrière, c'est l'homme.

Si les monstres de la mer sont souvent des solitaires, il est une multitude d'autres poissons qui se laissent admirer plus facilement et deviennent vite familiers quand on plonge au même endroit pendant quelques jours. A très faible profondeur, des poissons-corail scintillent comme de petites flèches lumineuses; d'autres ont l'air de papillons qui butinent de-ci, de-là, sur les fleurs d'un jardin imaginaire. Des verts, et des bleus vifs, du jaune et de l'orange éclatant, mais aussi du violet profond. Pourquoi tant de couleurs acides? Est-ce pour capter la lumière et obtenir un scintillement capable de tromper ou d'effrayer l'ennemi? Est-ce pour se différencier du corail, afin de ne pas être ennuyé par ses prédateurs, rares, il est vrai? Ou bien pour démarquer les espèces les unes des autres? Certains scientifiques pensent que ces couleurs violentes sont dues au fait que les poissons-corail jouissent d'abris assez nombreux et sûrs pour ne pas avoir à emprunter leur couleur afin de se protéger. D'autres pensent qu'ils ont opté pour une palette vive afin de bien signaler leur statut de propriétaires de l'espace autour d'eux. Des animaux pélagiques, par contre, confrontés à un milieu moins sécurisant, empruntent généralement des coloris qui les dissimulent. Tel le thon : la couleur argent de son abdomen, en ressemblant à la lumière venue de la surface, trompe les prédateurs des zones inférieures alors que la couleur bleu sombre de son dos, en imitant celle des fonds sous-marins, trompe les prédateurs des zones supérieures.

La couleur aurait plusieurs fonctions : camouflage, intimidation, signal amoureux. Les mêmes que celles en vigueur pour les animaux terrestres. Le rôle du camouflage ou de défense préventive des petits poissons bleu azur ou jaune citron est évident lorsque vous descendez en plongée, plus profondément que leur aire. Ainsi vus d'en dessous, ils apparaissent comme des jeux de lumière à la surface de l'eau, formant des gouttelettes mouvantes, claires ou ombrées. Et c'est bien ainsi que doivent les percevoir leurs ennemis. La nuit, lorsque les polypes des coraux sortent de leur enveloppe calcaire et forment des buissons fleuris, certains poissons se confondent avec la couleur des « fleurs ».

Le plus souvent, différentes teintes s'assemblent sur un même individu et forment des palettes merveilleusement riches et subtiles. Certains se parent de rayures fines ou très larges, horizontales ou verticales, dessinant parfois sur les nageoires de savantes arabesques. Il suffit de voir passer le poisson-ange *(Pygoplites diacanthus)* le long d'un bouquet de corail Acropa à longues tiges : les zones blanches verticales et bordées de brun mettent en relief les parties jaunes qui donnent ainsi l'illusion d'être des branches de corail. Une autre espèce de la famille pomacanthidea, l'ange impérial, pos-

Page 44 : La clarté, la limpidité de l'eau font oublier l'élément liquide. Les poissons semblent voler dans l'atmosphère d'une autre planète.

Page 45 : Une labre paon, *Halichoeres argus.* Particulièrement riches, violentes ou subtiles, les couleurs des poissons ont différentes fonctions, essentielles pour leur survie dans la jungle sous-marine où un animal sur dix millions meurt de mort naturelle.

sède des écailles dont les couleurs forment de fines raies bouton-d'or se détachant sur du bleu outremer. Lorsque le poisson virevolte, les multitudes de raies qui retiennent la lumière ressemblent à une traînée de rayons solaires jouant à travers les flots.

Les rayures sont également employées par des poissons qui se déplacent par bancs. Le corps de l'idole-des-maures *(Zanclu canescens)* s'habille de larges bandes verticales noires, jaunes et blanches. Lorsque le poisson est seul, elles camouflent la forme de son corps; lorsqu'il nage en banc, elles forment une masse sombre dans laquelle la phosphorescence du jaune ressort avec force. Les poissons représentent alors une entité sans forme précise, aux reflets changeants, et détectant d'autant plus facilement les dangers que les sens d'alerte sont multipliés par le nombre d'individus. Le prédateur hésite à attaquer un bloc dans lequel il distincte difficilement une proie.

Toujours dans un esprit de défense préventive, d'autres espèces sont mimétiques, c'est-à-dire capables de se parer des tons correspondant à ceux de leur environnement, au fur et à mesure de leur déplacement, et cela rapidement. Ce qui vous étonnera et vous rendra probablement songeur, c'est que l'harmonie des couleurs du monde liquide correspond toujours à celle du monde terrestre. Une même loi semble régir les deux univers. Quelques exceptions, cependant, tel le petit poisson appartenant à l'espèce *pseudochromis;* il est jaune d'or de la queue au milieu du corps et, sans transition, rose indien sur l'autre moitié.

Les taches circulaires au-dessous de l'extrémité extérieure des nageoires dorsales donnent l'illusion d'yeux par leur ton foncé; elles serviraient à tromper les prédateurs quant à la disposition du corps de leur proie. Croyant se précipiter sur sa tête, ils ont la surprise, en s'en approchant, de le voir fuir en avant. Les poissons-corail ont souvent recours à cette astuce.

Les couleurs ternes sont elles aussi employées à des fins de camouflage. Elles correspondent souvent, nous l'avons vu, à un habitat pélagique. Le requin-tapis *(Orectolobus ornatus)* les a adoptées. Grâce à ses grandes taches de beige et de brun emmêlées, éclaboussées de gris, il se confond parfaitement avec le fond de la mer. Un autre géant de la Grande Barrière, le requin dormeur *(Eucrossirhinus ogilbyi)* utilise la même gamme de couleurs; comme pour parfaire ce déguisement, sa large mâchoire s'orne d'excroissances charnues imitant aussi bien des algues brunes que des branches de corail mort.

Les teintes neutres habillent également le poisson-pierre *(Synanceia horrida),* chef-d'œuvre de laideur des eaux tropicales, mais champion du camouflage. Le corps, en forme de petite roche dans laquelle la tête se distingue difficilement de la queue, est recouvert de proéminences qu'il modifie en fonction de son environnement pour mieux prendre l'aspect de pierres érodées; des verrues se distribuent çà et là, entre des excroissances de chair; leur ressemblance avec des bernacles parfait le mimétisme à la roche. Le poisson-pierre est absolument invisible, même pour celui qui le cherche. En cas d'alerte, il hérisse treize dards cannelés, enduits de substance mortelle. (C'est l'une des raisons du port obligatoire de chaussures à semelles épaisses.) Il passe la plupart de son temps immobile, attendant patiemment sa nourriture : de petits poissons. Lorsque l'un d'eux passe à sa proximité, il ouvre brusquement la gueule et l'aspire avec force. Sa proie semble disparaître par enchantement.

Son allure de minéral vivant vous inquiétera et vous fera peut-être songer aux origines de la vie. Rendez justice au poisson-pierre : il peut être mortel, mais il n'est absolument pas agressif. Et ne croyez surtout pas que, dans le paradis des formes et des couleurs de la Grande Barrière, la beauté soit systématiquement inoffensive. Les plus belles espèces sont parfois parmi les plus dangereuses. Le poisson-feu, par exemple *(Pterois volitans),* qui plane avec tant de grâce au-dessus des coraux, ses nageoires dorsales et pectorales épanouies en un somptueux bouquet d'apparence fragile, est bardé de dangereuses épines venimeuses, tout comme le poisson scorpion, son parent, aussi laid qu'elle est belle. Ne consommez pas non plus, sans les connaître, les poissons magnifiquement colorés car certains provoquent de graves empoisonnements.

Les couleurs servent également de moyen d'intimidation. Chaque poisson possède un territoire qu'il garde jalousement. Dès qu'un intrus montre des velléités d'y pénétrer, le propriétaire l'en dissuade par des comportements inhabituels et par un changement de teinte. Ce changement serait provoqué par la présence, sous les écailles transparentes, de cellules spéciales, les chromatophores; suivant l'intensité désirée et les dessins à respecter, ces cellules se dilatent ou se rétractent plus ou moins intensément. Comme chez les animaux terrestres mimétiques, le rouge est le plus fréquent; cette couleur, excitante pour l'homme, agit chez les animaux comme un signal d'agressivité.

En période de reproduction, certains poissons mâles se parent de couleurs « nuptiales » afin de mieux attirer les femelles et, ainsi, d'assurer la pérennité de l'espèce. Les couleurs extrêmement vives et phosphorescentes sont dues à la présence de poison dans la chair de l'animal. Elles auraient également un rôle dissuasif.

Pour mieux vivre, si ce n'est survivre, dans leur jungle surpeuplée, plusieurs poissons ont conclu des alliances avec d'autres espèces, comme nous l'avons vu, d'autres formes de vie plus primitives, le corail et l'algue zooxanthelle, par exemple. L'association la plus réussie — en fait une véritable symbiose — est celle de l'anémone de mer (actinie) et du petit poisson-clown qui vit dans ses tentacules urticants. L'anémone se nourrit des déchets du poisson, et celui-ci trouve sécurité parmi ses longs bras où aucun de ses prédateurs ne se risque à le suivre. Ce petit poisson, dont la livrée s'est inspirée des teintes de son « habitat », va et vient sans répit au milieu des ondulations des « bras » de son hôte. Spectacle fascinant, qu'il est difficile de quitter.

Des études récentes ont montré que l'immunité du poisson-clown à l'actinie n'était pas spontanée. En effet, avant de pouvoir vivre dans la sécurité des tentacules de l'anémone, le poisson doit tout d'abord y faire de courtes intrusions afin d'obtenir petit à petit une sorte de vaccin contre ce produit urticant.

Des coutumes d'entraide, que l'on retrouve également dans la faune terrestre, viennent faciliter la vie des uns et des autres. La plus spectaculaire, pour le plongeur qui a la chance d'y assister, est celle où l'on voit de gros poissons, parfois terribles carnassiers, « toilettés » par de petites espèces vives et hardies. Un plongeur, habitué des lieux, vous montrera où se trouve la « station de nettoyage », comme l'appellent les Australiens. Vous la verrez peut-être encombrée : une dizaine de gros poissons immobiles, faisant la queue au-dessus d'un bloc de calcaire pour des soins corporels donnés par de grands experts. Devant eux, un petit poisson[1] tout en longueur, picore avec entrain sur le dos d'un gros mérou; il le débarrasse des mucosités, des parasites et des bactéries collés à sa peau. Le dessous des nageoires, les ouïes, parfois les dents, tout est minutieusement inspecté, les deux protagonistes dialoguant par des mouvements.

Ces alliances fréquentes interviendraient dans le maintien de l'équilibre établi dans les espèces. A Townsville, l'une des plus belles petites villes de la Grande Barrière, toutes ces formes de vie sont étudiées par des scientifiques du monde entier. Ils viennent travailler à l'Australian Institut of Marine and Sciences, magnifique centre de recherche construit au bord du lagon, équipé des instruments les plus modernes et possédant son port et ses bateaux.

1. Différentes espèces, les plus spécialisées étant les labres.

Page 48 : Un *Rhinopias aphanes eschmeger* trouvé dans les eaux de la Grande Barrière en 1980 par les chercheurs de l'Institut australien des sciences de la mer. (Cette espèce avait été découverte dans les eaux de la Nouvelle-Calédonie en 1964.)

Page 49 : Les eaux de la Grande Barrière sont truffées de pièges : ainsi, le somptueux *Pteroïs volitans* est bardé d'épines venimeuses.

4-La mangrove, berceau de la vie

La plupart des vies aquatiques de la Grande Barrière prennent naissance dans la mangrove, étendue d'arbres souvent rabougris, au feuillage généralement terne, surplombant une vase glauque, hérissée d'étranges racines aériennes noires. Cette forêt très particulière contraste fortement avec les paysages lumineux et colorés du lagon qu'elle borde par endroits et où, parfois, elle réussit une avancée. Elle intrigue le voyageur et passionne celui qui a le courage de s'y aventurer. Armé de beaucoup de patience et d'une bonne réserve de lotion contre les moustiques, les mouches et autres insectes, ce dernier découvre en effet un monde insoupçonné.

Tout d'abord, on examine le sol, hypnotisé par son apparence, mais aussi pour savoir où mettre les pieds. Une boue sombre s'allonge sous une forêt de racines de bois dur, hautes parfois de plus de un mètre, terriblement emmêlées et imbriquées d'un arbre à l'autre. Des bulles d'air éclatent à la surface; des bruits sourds, parfois aigus, en sortent. Par endroits, elle palpite comme un animal, et, ailleurs, projette avec violence de minces jets d'eau, l'espace de quelques instants. Aucun son familier. Une impression de début des temps vous envahit.

Le soleil joue sur le vert brillant d'une feuille, rappelant qu'au-dessus de ce magma originel des frondaisons captent l'énergie solaire. Mais voici que la vie apparaît : la tête triangulaire d'un petit crabe sort de l'un des innombrables trous du sol. L'animal attend quelques instants, s'enhardit, émerge tout entier, comme pour faire admirer sa carapace étincelante, jaune, rouge, bleue ou bariolée suivant les régions. L'une des pinces est aussi longue et large que le corps. Il s'en sert pour prendre un peu de vase qu'il filtre à l'aide des poils de ses pattes, mises côte à côte; il déguste, baisse les pinces pour reprendre un peu de boue, et inlassablement, recommence son manège. Entretemps, un de ses congénères l'a rejoint, puis un autre encore. Ils sont bientôt des dizaines de crabes-violonistes à manger la vase, à rentrer et à sortir de leur terrier.

C'est au moment de la pleine lune qu'ils offrent leur meilleur spectacle. A cette période, la teinte sombre du sol disparaît sous celle, éclatante, de milliers de crabes qui se livrent ensemble à leur parade nuptiale. Chacun brandit sa grosse pince à la verticale; il l'agite en cadence, en même temps qu'il recule et avance indéfiniment le thorax. Au moindre bruit anormal, tous disparaissent dans leur repaire, pour réapparaître aussitôt et reprendre leur danse aussi rythmée que comique.

Parfois, une armée de crabes-soldats fait irruption. Ces petits animaux se nourrissent de la même manière que les crabes-violonistes; ils remuent une énorme quantité de terre en peu de temps et la transforment en un amoncellement de minuscules grains ronds. Un bruit sec de verre brisé qui sans cesse se répète intrigue : c'est une crevette-pistolet qui referme l'une de ses pinces si brutalement qu'elle heurte l'autre avec violence.

Les yeux s'habituent aux couleurs ternes et distinguent alors une multitude d'araignées et d'insectes inconnus qui vont et viennent sur la boue et le long des racines. Les taches claires sur ces dernières se révèlent des colonies de petites huîtres ou autres coquillages accrochés au bois.

Le crocodile marin est peut-être là, invisible, lui aussi, comme sait le devenir le varan des eaux *(V. semiremex)*, l'un des lézards de l'endroit. Son mode de vie semi-aquatique a transformé sa morphologie et l'a fait ressembler à un crocodile.

Dans une flaque d'eau laissée par la marée, les deux yeux globuleux d'un petit poisson attirent le regard. Voici que l'animal sort de l'élément liquide et court sur la boue en se servant de ses nageoires comme pattes; il se met ensuite à glisser comme un serpent. En quelques mouvements, il se hisse sur une grosse racine, se redresse et se tient coi. Seuls ses gros yeux vont et viennent à la recherche d'un insecte. Il claque la mâchoire sur un moustique, redescend rapidement dans la boue, et, en trois bonds, disparaît dans une autre flaque d'eau.

Ce poisson grimpeur *(périophtalmus)* est l'une des grandes curiosités de la mangrove. Pour vivre sur terre et dans l'eau, il a cumulé les systèmes respiratoires : dans l'eau, ses branchies fonctionnent normalement; sur terre, le gonflement de la peau des ouïes permet une réserve d'air qui s'humidifie au contact des branchies et se laisse ensuite désoxygéner partiellement; enfin, sa queue qui traîne continuellement sur un sol saturé d'eau lui permet un troisième mode de respiration, celle des amphibiens, c'est-à-dire l'échange d'oxygène à travers la peau.

A l'époque des amours, ce petit poisson terne construit une estrade de parade, sorte de tourelle de vase. Pour ce faire, il creuse le sol avec sa tête et amasse la terre avec ses nageoires. Sa construction terminée, il grimpe sur le sommet, s'allonge sur la plateforme et laisse ostensiblement retomber ses nageoires, devenues brillamment colorées. Sa nouvelle beauté attire une femelle qui se laisse séduire. L'avenir de la race est ainsi assuré.

Un froissement de feuillage attire le regard vers les cimes. C'est un possum *(trichosius)* qui vient d'interrompre son sommeil diurne. Près de lui, un martin-pêcheur se laisse tomber en piqué sur le sol et remonte à son poste de gué, un crabe dans le bec.

Une autre découverte passionnante commence avec les arbres. Les feuilles, à la consistance de plastique, étonnent ainsi que les fleurs, petites étoiles jaunes et solides qui ont en leur centre une proéminence triangulaire en guise de pistil et d'étamines. Ces particularités représentent deux aspects des adaptations de l'arbre au milieu ambiant. Milieu ambiant fluctuant, périodiquement baigné par les eaux salines, qui peut également être recouvert par les eaux douces des rivières pendant la longue période des crues. Le fait que l'arbre ait pu conquérir ces zones de transition entre la terre ferme et l'Océan représente l'une des grandes victoires du végétal.

Les palétuviers de la mangrove de la Grande Barrière totalisent 14 espèces. Ils ont colonisé les marécages des îles volcaniques, continentales et coralliennes, ainsi que les étendues côtières. C'est souvent dans ces régions qu'ils se sont le plus diversifiés, en raison de l'extrême richesse du sol qui bénéficie dans quelques baies du riche limon des rivières et de la boue corallienne apportée par la mer.

Pour réussir une telle prouesse d'adaptation, le palétuvier, du même ordre que les eucalyptus, a donc réalisé de nombreuses transformations. Mu par une « intelligence » que l'on trouve tout au long de la chaîne symbiotique, cet arbre est arrivé à neutraliser l'action chimique de l'eau salée et à pallier une faiblesse physique. Pour lutter contre la déshydratation que provoque la haute teneur

---

Page 52 : Capture d'une tortue verte *(Chelonia mydas)* par les « rangers » de la mer. Elle sera baguée, mesurée puis relâchée.

Page 53 : Une tortue-à-bec *(Eretmochelys imbricata)*, l'une des six espèces de tortues de la Grande Barrière.

QLD FISHERIES SERVICE
NO
0641S
CECILS
STESSL

en sel de l'air et de l'eau, il rendit ses feuilles aussi dures que le cuir. Il se mit à fabriquer du tanin qui aida la sève, aux propriétés particulières également acquises, à repousser l'eau de mer. Pour permettre à ses racines de l'oxygéner, alors qu'elles sont le plus souvent noyées dans l'eau ou la boue, il les dota d'une multitude de tiges respiratoires — les pneumatophores — qui s'élèvent au-dessus du sol. D'autres espèces fabriquèrent des racines aériennes en forme d'arceaux, permettant l'oxygénation de l'arbre et lui assurant une plus grande stabilité.

Les vingt-sept espèces d'arbres de la mangrove de cette région[1] eurent aussi à résoudre le problème de la reproduction. La germination de leurs graines dans un sol semi-liquide, salin, et balayé par les marées étant trop aléatoire sinon impossible, ils devinrent « vivipares ». Les graines durent germer sur l'arbre mère et les radicules poussèrent drues et pointues comme des flèches, de manière à se ficher profondément dans la vase lors de la chute des fruits. Grâce à cette prégermination, les palétuviers purent étendre leur implantation dans tous les marécages, mais aussi conquérir des régions constamment immergées du lagon.

L'imbrication des racines forme des filets de bois qui retiennent le limon des cours d'eau lors du retrait de la mer; ils empêchent le sable apporté par le reflux de remonter dans l'embouchure des rivières, et évitent l'engorgement.

Dans ce sol extrêmement riche — plus qu'aucun sol artificiellement enrichi — les algues sont très nombreuses, quoique souvent invisibles. Elles captent une quantité phénoménale d'énergie solaire, dont s'emparent aussitôt les myriades de vies microscopiques qu'elles attirent. Or, dans ce milieu, le plancton animal ne craint pas les grands prédateurs de l'Océan : ceux-ci ne peuvent s'aventurer jusqu'à lui en raison du manque d'eau profonde. Ainsi augmentent les chances de vie des larves dont il est constitué. Les larves vont produire d'innombrables espèces aquatiques qui resteront sur leur lieu de naissance jusqu'à ce qu'elles soient capables d'affronter la lutte sans merci de l'Océan.

C'est pourquoi la mangrove est considérée comme le berceau de la faune de la Grande Barrière. On s'est aperçu que sa destruction, comme à Surfers Paradise[2], entraînait la disparition de nombreuses espèces dans l'Océan limitrophe.

A une époque où la population mondiale augmente à un rythme jamais atteint, l'étude de la mangrove apparaît capitale aux biologistes de la mer. Ils veulent notamment connaître l'importance de cette forêt côtière en tant que source de production primaire, ainsi que son action sur l'écosystème des régions adjacentes. Dans le centre de recherche australien (A.I.M.S.), des appareils sophistiqués enregistrent la respiration et la photosynthèse des arbres. Les chercheurs mesurent la quantité de carbone produit et la quantité utilisée par le plancton et les autres formes de vie marines; ce qui leur permettra d'évaluer son potentiel de productivité. Déterminer les forces en présence dans ce biotope, leurs interactions, est vital pour l'aménagement des régions tropicales australiennes, où la densité de population s'accroît très vite. Il est probable que l'aggravation de la pollution qui s'ensuivra aura une répercussion rapide sur les eaux de la Grande Barrière. Ce phénomène propre à l'ensemble des régions tropicales concerne tout l'écosystème de notre planète.

1. Le nombre des espèces diminue en s'éloignant des tropiques.

2. Région très touristique. Riviera australienne au sud de Brisbane.

5-Les premiers habitants de la Grande Barrière

Les hommes bruns qui peuplèrent l'Australie des millénaires avant l'arrivée des Occidentaux furent les premiers à découvrir la Grande Barrière. Leur attitude, face aux richesses apparemment inépuisables qu'elle offrait, peut étonner. C'est pourquoi il nous a semblé intéressant de camper brièvement leurs croyances et leurs coutumes.

Les hommes bruns d'Australie, les Australoïdes, se différencient des autres races par des caractères anthropomorphiques spécifiques. Ils étaient divisés en tribus, nomades ou semi-nomades. Les datations d'objets archéologiques font remonter leur présence sur le continent à trente mille ans. Il est probable que d'autres découvertes feront reculer leur arrivée beaucoup plus loin dans le temps.

Après la montée du niveau des océans, ces hommes venus probablement du Sud-Est asiatique vécurent en vase clos, comme toutes les autres formes de vie du continent austral. Leur évolution, comme celle de la faune et de la flore, ne suivit pas le rythme de celle du reste du monde. Elle se fit à l'abri de la compétition, dans un calme relatif, en grande partie déterminée par la croyance selon laquelle chaque groupe d'hommes avait reçu son territoire pour l'éternité. La plupart des tribus australiennes ignoraient en effet la guerre ou les combats meurtriers, qui déterminent également des mutations technologiques. La société aborigène changea donc très lentement.

A l'arrivée des Occidentaux, elle avait atteint son degré de perfection. Elle représentait une évolution de l'humanité exactement contraire à la civilisation occidentale à laquelle elle dut se confronter. Cette opposition se trouve énoncée dans les religions respectives de chaque race. Alors que la religion judéo-chrétienne demande aux hommes d'assujettir et de remplir la terre en se multipliant, celle des aborigènes enseigne que l'homme fut créé pour maintenir intact le « grand ordre primordial ». Sa genèse établit qu'un être suprême créa le monde et qu'une force vitale, associée aux grands ancêtres, descendit sur lui et se propagea dans les formes terrestres pour leur donner vie.

Chaque homme brun descend de l'une de ces formes de vie, c'est-à-dire d'un animal, d'un végétal ou d'un minéral. Il y a des hommes apparentés au kangourou, à certaines herbes, aux crocodiles, aux abeilles, etc. Afin de rappeler cette origine, chacun reçoit comme emblème, ou totem, la représentation de son grand ancêtre. Pour l'honorer, il est tenu de respecter certaines interdictions : ne pas tuer les animaux à son image, qui sont eux aussi ses descendants, ne pas manger leur chair. Il ne tuera pas non plus sans raison les autres animaux, totems de ses parents ou amis. Il ressent des liens étroits avec son milieu ambiant qui est lui aussi imprégné de la force vitale sacrée, force extrêmement diffuse qu'il est dangereux de brutaliser.

Dans cette société, tout homme, après une très longue période initiatique, devenait un être sacré, personnellement responsable du maintien du « grand ordre primordial ».

Chacun officiait à tour de rôle lors des innombrables cérémonies qui jalonnaient le parcours de son groupe de nomades. Les paysages les plus grandioses, associés aux exploits des personnages sacrés de leur histoire religieuse, servaient de lieux cultuels. La nature, ainsi parsemée de nombreux lieux sécurisants, devenait beaucoup moins angoissante. Les hommes bruns surent parfaire leur intégration au milieu ambiant par une organisation sociale très élaborée, étroitement imbriquée dans leurs croyances.

Aucun chef n'émergeait car personne ne pouvait transgresser les lois. Un réseau d'obligations réciproques articulées les unes aux autres maintenait ces lois, et il était impossible de ne pas les honorer sans être mis au ban de la société, c'est-à-dire mourir lentement, aucun homme ne pouvant pourvoir seul à ses besoins. D'ailleurs, l'individu, ainsi investi de responsabilités sacrées et ne trouvant aucune autorité personnalisée à combattre, était psychologiquement plus motivé pour persévérer dans l'accomplissement de ce qu'il ressentait comme une mission valorisante. Lorsque l'on connut enfin leur civilisation, c'est-à-dire quand elle fut moribonde et que la population se trouva en grande partie anéantie, les Occidentaux s'aperçurent que les Australoïdes avaient réussi une triple adaptation à leur pays : technique, intellectuelle et psychologique[1]. Cette société assurait en effet à ses membres une sécurité matérielle et intellectuelle, l'accès à la connaissance et un rôle dans le maintien d'un monde idéal transcendant. Et, ceci découlant de cela, une grande dignité.

Les aborigènes étaient donc avant tout de grands mystiques. « Leur religion traditionnelle était une foi vivante, quelque chose d'absolument inséparable du mode de vie et de pensée de chaque jour[2]. » Lors des rites initiatiques ou des cérémonies religieuses, l'aborigène s'assimilait au temps primordial, le temps du rêve dans lequel le passé, le présent et le futur coexistaient. Sa foi était tellement forte et vivante qu'il pouvait devenir la réincarnation même d'un grand ancêtre.

Ce mysticisme, qui faisait fondre les générations en une seule, exigeait le détachement de toute propriété individuelle, attitude facilitée par la vie nomadique.

La croyance en une mission sacrée sur terre, une morale combattant le matérialisme, les techniques bloquées à un stade où elles restent à la mesure de l'individu, tout cela semble leur avoir permis d'avancer dans la connaissance du psychisme humain et des « pouvoirs illimités » que chacun possède. Cette évolution psychique, inversement proportionnelle à l'évolution technique, avait abouti à des facultés paranormales que la science aborde de nos jours, et à une connaissance intuitive de notre monde. De cette dernière découla un comportement d'écologistes, préconisé aujourd'hui par des scientifiques occidentaux.

Ne pas tuer plus que les besoins immédiats ne l'exigeaient représentait la règle d'or de cette société. Parce que c'eût été agir contre les croyances, mais aussi parce que l'aborigène savait fort bien que sa vie nomadique, à laquelle il était très attaché, n'était possible qu'avec le respect du « capital » que lui offrait la nature. A savoir un échange d'énergies entre les hommes, les animaux et les végétaux qui maintiendrait stables les populations de toutes les espèces, y compris la sienne.

La démographie des divers groupes était réglée par des tabous sexuels, par l'avortement et, parfois, également par l'infanticide. Les tabous du totémisme contribuaient à garder le chasseur dans des limites raisonnables lorsqu'il tuait des animaux. C'était le cas d'autres obligations sociales, mais aussi de simples coutumes, par exemple celle octroyant au chasseur la moins bonne part du gibier qu'il rapportait; le plaisir du tir était mis en sourdine, parce qu'on préférait celui, éventuel, d'un morceau de choix.

A l'époque des vents du nord-ouest, les

1. A.P. Elkin.
2. C.H. Berndt.

Pages 56-57 : Les requins ne sont pas les créatures les plus dangereuses de la Grande Barrière. Seules quelques espèces peuvent inquiéter les plongeurs chevronnés.

aborigènes vivant dans la région de la Grande Barrière trouvaient une source de nourriture riche et diversifiée. Ils pratiquaient quatre sortes de pêches : au filet, à l'hameçon (fabriqué avec des coquillages taillés), au harpon et à l'aide d'une racine aux propriétés soporifiques. Les filets devaient avoir des mailles assez larges pour éviter la capture de poissons trop petits, manière de préserver la reproduction de nombreuses espèces. Pour ce genre de pêche, les hommes bruns avaient « apprivoisé » les dauphins. Ceux-ci répondaient à leur appel pour les aider à rabattre le poisson. La pêche terminée, ils recevaient une part des prises. Il est probable qu'avant cette alliance, les dauphins avaient associé le bruit que faisaient les pêcheurs à un rassemblement de nourriture. La pêche au harpon concernait les grosses espèces mais aussi les dugongs qui parcouraient autrefois la Grande Barrière par troupeaux de plusieurs milliers. Les mollusques étaient très appréciés, et d'énormes amas de coquillages trouvés sur plusieurs îles attestent de la diversité des espèces consommées. Aux saisons de reproduction, les cayes devenaient des réserves inépuisables d'œufs d'oiseaux et de tortues. Les hommes bruns satisfaisaient leur faim mais pensaient à préserver leur gibier pour l'année suivante. Ils appréciaient également les jeunes pousses d'arbres, abondantes dans la mangrove.

Puis, lorsque venaient les vents du sud-est porteurs de pluie, le groupe se dirigeait vers la forêt, qu'il avait su respecter et où il trouvait des abris rocheux empreints de la force protectrice des grands ancêtres. Les ignames sauvages qui poussent à profusion sur les hauteurs rocheuses, les fèves, les fruits sauvages, les feuilles comestibles d'arbres, les reptiles, les petits marsupiaux assuraient à nouveau leur nourriture. Là, pendant que la tempête, les cyclones et les typhons sévissaient sur la côte, ils marchaient dans les immensités des forêts côtières, allant d'un lieu cultuel à un autre pour organiser les cérémonies religieuses qui aideraient à maintenir le « grand ordre primordial ».

Nous avons personnellement eu la chance inoubliable de vivre auprès de peuples du désert central, au cours de missions ethnographiques réalisées dans les années 1951 et 1955-1956, c'est-à-dire à une époque où les tribus de cette région n'étaient guère touchées par la société occidentale. Cette expérience exceptionnelle nous a inspiré une vision différente sur le monde qui nous environne. Nous sommes atterrés devant le jugement des autorités du siècle dernier qui considéraient ces hommes comme des sauvages à peine humains; et par celui, tout juste plus nuancé, de certains Occidentaux de notre époque. Nous pensons que l'aborigène, par son mysticisme absolu, son absence totale de matérialisme, son dénuement extrême et sa technologie parfaite à la mesure de chaque individu, avait atteint, dans la mentalité humaine, un état de grâce désormais disparu, et qui seul pouvait différencier l'homme des autres espèces.

Page 60 : Un crabe-violoniste. Dans le magma de la mangrove, les crabes, souvent de couleurs violentes, sont très nombreux.

Page 61 : La mangrove est le berceau de la vie de la Grande Barrière. On y rencontre quatorze espèces de palétuviers.

DEUXIÈME PARTIE

LE GRAND NORD AUSTRALIEN

1- La péninsule du cap York

A l'extrême nord-est de l'Australie, la péninsule du cap York, dont les côtes longent la Grande Barrière, représente encore aujourd'hui l'une des dernières grandes étendues sauvages de notre planète. Elle se démarque du reste du continent. C'est le domaine de la forêt de la pluie, de la forêt claire, des immenses marécages sillonnés par les eaux cristallines des rivières. C'est le royaume d'animaux uniques au monde, qui ne se retrouvent même pas dans d'autres régions d'Australie. Les 207 120 km² de la péninsule gardent la beauté des premiers âges, malgré de perpétuelles agressions : quelques incursions dès 1848 avec l'explorateur Leichnardt, un essai de peuplement en 1863 près du Cap, à Somerset, une autre incursion (dramatique) des frères Jardine — le souvenir de l'un d'eux effraie encore les aborigènes — des tueries insensées entre Jaunes, Blancs et Noirs lors de la ruée vers l'or, et de gigantesques exploitations de bauxite et de silice, sans compter quelques postes avancés et plusieurs stations d'élevage. Le réseau routier se réduit à une seule piste du sud au nord; piste de 900 km, impraticable la moitié de l'année en raison des rivières alors en crue. Même en saison sèche, la traversée de la péninsule reste une aventure périlleuse.

Page 64 : Le requin-épaulette se laisse caresser *(Hemicyllium oscellatum).*

Page 65 : Le port de Townsville.

Si cette région représente l'une des plus intactes au monde, elle est aussi, biologiquement, la plus riche. D'après les scientifiques, cette richesse et cette pureté ont une influence primordiale sur le maintien du monde de la Grande Barrière. La forêt de la pluie, ou forêt tropicale humide, a eu sans doute le rôle le plus déterminant.

Avant l'arrivée des Occidentaux, cette forêt recouvrait en grande partie la côte est, descendant jusqu'en Tasmanie. Formée par des essences d'arbres venues des Indes et de Malaisie avant que les eaux des mers n'aient séparé l'Australie de la Nouvelle-Guinée, elle avait donné naissance, grâce à son isolement millénaire, à une profusion de variétés, parfois plus de 100 sur à peine un demi-hectare. Son action indéniable sur le monde de la Grande Barrière fut, bien sûr, d'éviter l'érosion, source de pollution. Elle contribua et contribue encore à parfaire l'isolement de l'Australie en général et de la Grande Barrière en particulier. Elle forme une sorte de sas qui, d'après les scientifiques, arrête les épidémies venues du Sud-Est asiatique et sert d'amortisseur climatique. Son étude continue, et nul doute que d'autres influences ne soient découvertes. Car la masse énorme d'énergie solaire emmagasinée par ses arbres géants n'était pas sans conséquence sur le monde vivant, de même que son tapis d'humus acide, aux propriétés antibiotiques, à travers lequel les eaux des rivières venaient s'enrichir avant de se déverser dans l'Océan.

Dans cette forêt primitive, dont il ne reste plus que quelques vestiges, l'érable du Queensland, l'acajou rose au bois parfumé, le cèdre rouge, l'ickory de Cairns, le barklia et tant d'autres se côtoient. Leurs troncs s'élancent, vierges de toute branche, à 30 ou 60 mètres de hauteur avant de déployer leurs frondaisons à trois étages. Ailleurs, dans un endroit un peu moins humide, la multiplicité des espèces disparaît pour faire place à la forêt de lianes parmi une maigre végétation de pins. Les chênes de l'Antarctique étaient autrefois nombreux. Quelques-uns subsistent, vieux de mille ans, avec leurs racines arc-boutées, hautes de cinq mètres, leurs troncs courts et noueux, leur écorce ravinée, émouvant témoignage d'un règne végétal victorieux.

L'énergie colossale dégagée par la forêt permet à des billions de formes de vie d'exister en son sein. Cette multitude a donné naissance à une autre chaîne alimentaire qui, un jour, dévoilera plus précisément ses prolongements et ses liens avec celle des eaux de la Grande Barrière.

L'humus grouille d'animaux microscopiques, d'insectes et de crustacés; il cache même des végétaux souterrains, comme une espèce d'orchidée. Les souris et les rats marsupiaux y creusent leurs galeries.

Le tronc des arbres géants s'élèvent de cette masse en décomposition, soutenus par des racines aériennes impressionnantes; ils sont recouverts de mousses, de lichens, de plantes grimpantes, et d'orchidées ou autres végétaux épiphytes — parfois plus de 50 sortes sur un tronc — qui leur donnent un aspect féerique.

Dans ce foisonnement, des myriades d'insectes, d'innombrables lézards et serpents. Les marsupiaux, comme les possums et les kangourous arboricoles, se cachent dans les hautes branches, dormant le jour et s'activant la nuit. Plus haut encore, les frondaisons abritent d'invraisemblables quantités d'insectes et des milliers d'oiseaux. Partout, l'alliance végétal-animal règne.

Pour polliniser ses arbres et supprimer la surabondance d'insectes, prédateurs de ses feuilles, de ses racines et de son écorce, la forêt a un besoin impérieux d'oiseaux. Pour les attirer, elle leur offre avec prodigalité une multitude de formes et de couleurs de fleurs, de nectars et de fruits aux saveurs différentes, de graines et d'abris. Les perroquets de toutes tailles et de tous coloris sont devenus ses alliés, ainsi que des milliers de lorriquets-mangeurs-de-miel, et des milliers de renards-volants qui, le soir, retournent dormir dans les arbres de la mangrove de la Grande Barrière. Elle abrite également d'étranges oiseaux-artistes, comme les oiseaux jardiniers, capables d'utiliser un outil pour peindre leur scène de parade; des oiseaux-chimistes, comme le dindon des broussailles qui inventa la couveuse artificielle il y a des millénaires, en enfouissant ses œufs dans un tumulus de feuilles en décomposition. La forêt accueille aussi le paradisier, dont la beauté émut tellement les Occidentaux qu'ils faillirent provoquer l'extinction de l'espèce en les tuant pour leurs plumes; les oiseaux-marcheurs, vestige d'un monde préhistorique, comme le casoar et l'émeu. Et chacun de ces oiseaux contribue à la transmission d'énergie qui permet l'existence d'autres habitants de la forêt.

Le banian, ou figuier étrangleur, se reproduit en grande partie grâce aux perroquets qui, une fois gavés de ses graines, s'envolent en en laissant tomber quelques-unes sur les branches ou les troncs. Lorsque la graine s'arrête, assez loin du sol (qui est trop humide pour assurer une bonne germination) et assez près de la lumière, elle fait aussitôt sortir des racines qui poussent autour du fût de l'arbre qui l'a reçue, le dissimulant rapidement en totalité. Puis, tiges et feuilles s'élancent à la conquête du ciel. Après quelque temps, l'arbre réceptacle meurt, étouffé; il pourrit et disparaît sans laisser de trace.

Page 68 : Un dingo, chien sauvage de l'Australie.

Page 69 : Les arbres à herbe *(Xanthorrhées)*, l'une des curiosités botaniques de l'Australie, dressent leurs étranges silhouettes dans la forêt claire.

Les alliances se font également entre deux espèces animales, chacune aidant l'autre à survivre.

La plus étonnante est peut-être celle du pétrel et du serpent-tigre que les premiers colons observèrent dans les îles du détroit de Bass mais qui existe également dans d'autres régions. Ce serpent, extrêmement venimeux, se love sous le nid des oiseaux. Pendant deux ou trois semaines après l'éclosion, il se nourrit d'oisillons tant que leur taille convient à son gosier. Ensuite, il mange des rats ou d'autres marsupiaux, tout en continuant à cohabiter avec les pétrels. Sa présence éloigne des prédateurs beaucoup plus dangereux que lui : les oiseaux sacrifient quelques-uns de leurs rejetons pour assurer la survie de la race.

En entrant dans la forêt sèche ou humide, les hommes bruns ne faisaient qu'ajouter un maillon à la longue chaîne d'échanges, sans jamais prendre le risque de la rompre. Ils trouvaient là le gibier et les végétaux nécessaires à leur alimentation. Le python-des-rochers et d'autres serpents, les petits marsupiaux, les wallabies, certains lézards, les larves de coléoptères, parfois le casoar et l'émeu, leur assuraient les protéines et les lipides. La forêt offrait également des fruits, des racines, des graines comestibles à profusion.

On sait que les aborigènes du cap York se nourrissaient de 73 fruits différents, 46 sortes de racines, 19 espèces de graines et 11 feuilles différentes. La nourriture ne faisait défaut à aucune saison et les quelques provisions enterrées par les femmes dans le sable, ou les fruits qu'elles séchaient au soleil en les enduisant d'une pellicule de peinture ocre, n'étaient que des produits de luxe, destinés à rendre plus attrayante une prochaine halte dans ce même endroit, quelques mois plus tard. Ce qui explique, selon certains, pourquoi les aborigènes n'eurent pas à s'astreindre à une vie sédentaire, bien qu'ils aient eu connaissance de cette possibilité par les habitants du détroit de Torrès.

L'Occident vient de découvrir que les « plus misérables de la terre » vivaient en réalité dans une abondance relative, bénéficiant des longs moments de loisir inhérents à toute vie nomadique.

Les aborigènes savaient donner à la nature en retour de ses dons. Ils aidaient par exemple la forêt à maintenir sa population animale; lorsque les possums étaient devenus rares dans une région, les hommes en capturaient ailleurs un couple ou deux et les y amenaient. Et lorsque trop d'arbres avaient brûlé dans un incendie de brousse, les femmes, avant de quitter les lieux, aidaient la forêt à se reconstituer en plantant des graines d'arbres « nourriciers ». Les feux s'allumaient souvent seuls, mais ils étaient aussi dus aux chasseurs qui les utilisaient pour faire sortir le gros gibier d'un buisson trop épais. Les nomades brûlaient aussi les herbes trop hautes et coupantes afin de pouvoir se déplacer plus facilement, ce qui favorisait la repousse de jeunes tiges, nourriture des kangourous. Il est probable que les Australoïdes furent les premiers responsables d'un retrait de la forêt dense au profit de la forêt d'eucalyptus; car l'espace ainsi libéré devenait aussitôt la proie des graines d'eucalyptus, graines à pousse extrêmement rapide, qui éliminaient les espèces originelles. Cependant, l'interférence des hommes noirs dans le monde végétal fut relativement peu importante.

Des animaux tués pour leur chair, les hommes tiraient également des matériaux nécessaires à la confection de leurs outils, comme les ligaments des kangourous, les os des casoars, etc. Ils utilisaient les plumes d'oiseaux les plus colorées pour la confection de leurs parures de cérémonie. Tout, dans leur environnement, trouvait une raison d'être. L'intégration de l'homme à son milieu était parfaite.

2-Un musée de la préhistoire

Les paysages de cette région, comme les paysages maritimes de la Grande Barrière, comme ceux des déserts, comme tous les paysages d'Australie, ont un pouvoir envoûtant. Depuis des heures, la Land Rover avance, sans se préoccuper de trouver route, piste ou sentier. Petit à petit, le rouge excitant de la terre, le défilement des troncs clairs des différents eucalyptus qui s'ordonnent comme dans un parc somptueux, les feuillages argentés qui s'agitent doucement sur le bleu porcelaine du ciel, tellement sécurisant, la pureté de ce dernier, sa luminosité subtile où le regard n'en peut plus de se noyer, tout cela plonge le voyageur dans un état second.

Cette impression d'irréalité se renforce par la rencontre d'animaux d'un autre monde; un wallaby court devant la voiture, en se servant de sa queue comme d'un cinquième pied, un varan de la préhistoire fuit, dressé sur ses pattes arrière. Les quatre roues motrices luttent contre le sable des criques, s'enfoncent complètement dans les eaux des rivières, s'emballent pour « avaler » une pente abrupte d'éboulis de rochers de grès. Le pare-chocs fait ployer les minces troncs d'arbrisseaux, hauts de 3 à 4 mètres; la voiture roule au-dessus de leurs fûts flexibles qui se relèvent sans peine derrière elle; elle s'arrête pile au bord d'un précipice; en bas, une crique insolite, formée par des rochers polis, témoigne de l'action d'une mer intérieure qui recouvrait autrefois toute la région. Une marche arrière qui dérange un gros python, un changement de direction, de nouveaux slaloms entre de gros eucalyptus et voici qu'apparaissent d'immenses blocs de grès rose, magnifiquement éclairés par le soleil de fin d'après-midi. L'ombre élégante et tremblotante des feuillages fins d'un arbre-de-fer joue sur la surface du rocher le plus proche et semble lui donner vie.

Vous quittez la voiture et avancez vers une paroi avec un étonnement ravi. Cet endroit dégage une ambiance familière de repos, une beauté tranquillisante. Une forte chaleur sèche s'échappe du tapis de feuilles mortes; elle monte tout au long de votre corps. Vous évitez de justesse un nid de fourmis-couturières construit sur une branche basse. L'ombre projetée par un auvent rocheux vous attire irrésistiblement. Dans cet abri propre et joyeux, il fait bon se reposer, les yeux perdus dans les jeux de lumière de ce parc-forêt; vous respirez avec délices les senteurs fortes d'humus, mêlées aux essences végétales, traversées parfois par un brusque effluve de musc animal.

Le soleil baisse à l'horizon, changeant les volumes et les couleurs. Votre regard parcourt une fois de plus les 180° du paysage. Et voici qu'une haute paroi rocheuse, jusqu'alors dans l'ombre, s'éclaire soudain des feux rouges du soleil couchant. Sur le grès, des silhouettes humaines tracées au charbon de bois apparaissent, donnant une impression de mouvement. Puis, au fur et à

mesure que le regard s'habitue à la lumière réfléchie par la roche, d'autres dessins surgissent, ocre, jaunes et parfois blancs. D'un bond, vous êtes sur vos pieds et courez voir de plus près.

Et vous restez pétrifié devant cette fresque vieille de vingt ou trente mille ans. Vous avancez un bras timide sur la paroi. La roche est chaude et son contact achève de vous mettre en état de grâce. Longtemps, cette impression vous poursuivra, et longtemps, vous vous demanderez pourquoi. Si vous croyez à l'universalité de l'homme vous penserez tout simplement que ce lieu dégage une ambiance, peut-être certaines ondes, capables d'émouvoir les Noirs comme les Blancs. Les aborigènes ont une explication bien précise de l'envoûtement que provoque ce lieu. Dans leur histoire religieuse, lorsque le temps Tjukurapa prit soudainement fin, les grands ancêtres, associés à la force vitale primordiale, se pétrifièrent, et leurs corps formèrent ici ces rochers, ailleurs des montagnes, des collines, tout ce qui fait l'Australie. Pour maintenir vivante la forme minérale de l'ancêtre et capter une part de son énergie, les hommes organisaient de longues cérémonies au cours desquelles ils peignaient le symbole de l'ancêtre sur leurs corps, leurs objets cérémoniels et la surface de la roche. Par la magie de l'acte de peindre, de la danse et des chants sacrés, ils s'identifiaient au grand ancêtre; ils entraient alors dans le temps du rêve éternel où « ... le passé, le présent et le futur coexistent ». Ainsi, ils vivifiaient leurs forces physiques et morales, et contribuaient à maintenir l'abondance des espèces, car l'énergie libérée du grand ancêtre prenait la forme de ces animaux raréfiés dont ils avaient tracé l'image sur la roche en psalmodiant des incantations.

Combien exaltantes devaient être ces cérémonies où chaque homme, chaque femme[1] participait en tant qu'artiste et « grand prêtre »! Différentes formes d'expression artistique s'imbriquaient, s'articulaient dans plusieurs séquences de la fête. Le but recherché n'était pas de briller par une création personnelle, mais d'arriver à créer un ensemble de couleurs et de lumières où les individus se confondaient en une sorte d'entité supérieure, au pouvoir bénéfique pour tous.

Ainsi se déroulait la vie des grands écologistes mystiques de la Grande Barrière de corail, très semblable à celle des autres habitants d'Australie.

Parsemées tout au long des côtes et loin à l'intérieur des terres, des peintures sur roche et des gravures sur pierre ou sur les troncs de gros arbres rappellent au voyageur l'intégration de l'homme brun à la nature. L'un des témoignages les plus émouvants est peut-être la « galerie d'art » au nord-ouest de Cairns. Près de 16 000 km² de forêt claire où foisonnent de hautes parois de grès, recouvertes d'innombrables fresques dont la splendeur ne peut laisser indifférent.

C'est vers 1960, à environ 300 km au nord-ouest de Cairns, qu'une équipe d'ouvriers des ponts et chaussées signala un pan rocheux, en surplomb, abritant des peintures rupestres — forme d'art dont les Occidentaux ignoraient l'existence dans la péninsule du cap York. Cette découverte s'ajoutait à celles qu'on avait faites dans les Kimberleys et dans la terre d'Arnhem; ce sont d'autres hauts lieux de l'art pariétal australien, l'un des plus beaux et des plus curieux de notre planète. Il était ainsi établi que cette forme de peinture extrêmement sophistiquée, à caractère conceptuel, rarement figuratif, recouvrait tout le nord du continent, de l'est à l'ouest.

Un pilote, peintre à ses moments de loisir, passionné par la culture aborigène, s'intéressa à cette première fresque qu'il pressentit comme faisant partie d'un ensemble. Au cours de ses vols Cairns-Weipa, Percy Tre-

Pages 72-73 : Les forêts de la péninsule du cap York, extrême pointe de l'Australie, jouent un rôle déterminant sur l'écosystème de la Grande Barrière. On y rencontre différentes sortes de termitières.

1. Les femmes avaient leurs propres cérémonies.

zise repéra les principaux plateaux rocheux de la région et s'aventura ensuite dans la forêt à leur recherche. Deux mois plus tard, il découvrait une seconde galerie; vingt ans après, il en avait répertorié plus de 1 000, et, en 1982, ses recherches continuaient.

Ces œuvres datent parfois du début du siècle, mais sont souvent vieilles de milliers d'années. Inquiet de voir les touristes venir les dégrader, Percy Trezise arriva à convaincre le gouvernement australien de créer une réserve dans cette région, afin de préserver le témoignage irremplaçable d'une civilisation unique au monde, détruite en moins de deux cents ans. Grâce à lui, la réserve Quinkin — 984 km² de forêt — vit le jour. Puis elle fut agrandie et aujourd'hui, elle s'insère dans le parc national de Lakefield de 5 280 km², pour se terminer dans la baie de la Princesse-Charlotte.

Page 76 : Dans la forêt, les fleurs des arbres rivalisent de beauté et de couleurs pour mieux attirer les insectes et les oiseaux dont ils dépendent pour leur pollinisation.

Page 77 : Une multitude d'essences d'arbres composent la forêt de la pluie. Le figuier s'élance jusqu'à 40 m du sol. Ses imposantes racines aériennes sont le témoignage d'un règne végétal autrefois victorieux.

3- Une tragique rencontre

Il était normal que les habitants d'une région aussi riche défendent leur pays contre l'envahisseur, d'autant plus que sa réputation était arrivée jusqu'à eux bien avant qu'ils ne le rencontrent. Les luttes des aborigènes du cap York furent terribles. Elles représentent la partie la plus sombre de la conquête de l'Australie par l'Angleterre.

Les tribus de cette région, décrites comme les plus fourbes et les plus féroces par les premiers colons, entretenaient cependant de bonnes relations avec les navigateurs malais, venus principalement de Macassar, et avec certains insulaires du détroit de Torrès. Les mariages n'étaient pas exceptionnels entre ces différentes populations. Ils avaient accepté ces incursions dans leur pays car chaque partie trouvait son intérêt dans les rencontres, et aucun de ces étrangers n'avait manifesté le désir de s'approprier les terres aborigènes.

Lorsque Cook aborda leur rivage après que le vaisseau *Endeavour* eut heurté un récif à 30 km des côtes nord de la Grande Barrière, en 1770, il trouva les habitants de la région amicaux et serviables. « On ne peut regarder ces naturels comme un peuple de guerriers; je les considère au contraire comme une race inoffensive et craintive, nullement portée à la cruauté, ainsi qu'en témoigne leur conduite envers l'un de nos hommes, dans la rivière Endeavour... Ils vivent dans une tranquillité que ne trouble pas l'inégalité des conditions... » L'incident qui survint le 19 juillet, environ un mois plus tard, dut lui faire pressentir que ces doux craintifs pouvaient se transformer en guerriers lorsqu'il s'agissait de défendre la production de leur pays.

Ce jour-là, l'équipage ne voulut pas céder deux des douze tortues qu'il venait de pêcher à un groupe de visiteurs aborigènes venus à bord. Cette attitude allait à l'encontre des coutumes indigènes, rendant obligatoire le partage de chasses et de pêches aussi considérables, d'autant plus qu'ils considéraient probablement ces tortues comme le produit du pillage de leurs eaux territoriales. Cet incident leur inspira de la méfiance envers les Occidentaux; puis, plus tard, la mauvaise réputation de l'homme blanc se confirma, propagée de tribu en tribu à partir du Sud, où les premiers colons s'étaient installés, mais aussi du Nord, où les habitants du détroit de Torrès en avaient fait les premiers l'expérience : à la laideur physique des Blancs, disaient les indigènes, s'ajoutait la laideur morale. L'individualisme exacerbé des Occidentaux déterminait un comportement social à l'opposé de celui de la société aborigène; il fut jugé totalement immoral. De plus, l'état d'ivresse très fréquent chez les premiers colons — phénomène jusqu'alors inconnu sur ce continent où l'alcool n'existait pas — le manque de parole de la plupart des Blancs, les traitements cruels qu'ils infligeaient à leurs semblables, le viol des femmes noires, tout cela n'était pas pour satisfaire leur éthique. Et, blâme suprême, au moment où la race blanche les classait dans un sous-ordre de l'humanité, ces grands mystiques accuseront leurs envahisseurs de ne connaître qu'une seule religion... celle du travail!

Telles étaient les rumeurs qui montèrent au long des rivages de la Grande Barrière et à l'intérieur des terres. Les hommes noirs du Nord entendirent également parler des bêtes étranges arrivées avec l'homme blanc. La découverte des chevaux, des vaches et des bœufs en particulier, avait soulevé une grande émotion chez les tribus du Sud qui, comme toutes celles d'Australie, ne connaissaient que les marsupiaux, généralement de petite taille et se tenant souvent à la verticale. Ils savaient qu'une fois dans leur pays, ces animaux entreraient en compétition avec les kangourous pour les herbages et l'eau, et réduiraient ainsi le nombre de ce gibier apprécié. Ils savaient également que l'arrivée des Occidentaux signifiait la destruction de la forêt, c'est-à-dire de leurs sites sacrés et de leur source de nourriture.

Cette région du cap York fut la dernière à être explorée et, pendant longtemps, les habitants de ce vaste territoire purent continuer à mener leur vie traditionnelle malgré la présence plus au sud des colons anglais. Plus avertis, donc, que les aborigènes de la Nouvelle-Galles du Sud, mais aussi, nous le verrons, de coutumes un peu différentes, ils étaient bien décidés à repousser l'envahisseur si un jour il se présentait. Aussi, lorsque en 1848 Edmund Kennedy voulut traverser la péninsule encore inexplorée, il rencontra des indigènes sur le pied de guerre.

L'expédition Kennedy partit avec 13 hommes dont 1 aborigène du Sud nommé Jaky, 28 chevaux, 100 moutons, 4 chiens et 3 charrettes. Pour se rendre compte de la somme de courage, de la soif d'aventure, mais aussi de l'inconscience et du manque d'organisation que représentait une telle expédition, il faut avoir eu l'expérience de la forêt dense, humide, dont les trois frondaisons laissent peu de lumière pénétrer jusque dans le sous-bois, il faut avoir marché pendant des jours dans les plaines herbeuses qui, parfois, prennent feu soudainement, s'être aventuré dans les marécages infestés de crocodiles et dans les immensités rouges faites de bauxite pure, sur lesquelles s'élèvent les impressionnantes cités de termitières; sillonné des kilomètres de sol noir et brillant, vierge de toute végétation si l'on excepte quelques pandanus échevelés, secoués avec violence par les vents de la mousson; entendu des cris d'animaux inconnus; rencontré les varans de près de 2,50 mètres qui fuient devant l'homme, debout sur leurs pattes arrière.

Bien sûr, les charrettes s'embourbèrent, la plupart des chevaux et des chèvres moururent d'épuisement, et les hommes, plus lentement, subirent le même sort. Les aborigènes les harcelèrent jour et nuit de leurs flèches, mirent le feu aux herbes des plaines pour les obliger à rebrousser chemin, dressèrent des embuscades. Leur tactique fut efficace car, au bout de six mois d'errance et de drames, 9 hommes atteignirent un état d'épuisement tel qu'ils furent abandonnés dans la jungle avec quelques vivres. On n'entendit jamais plus parler d'eux.

Les aborigènes n'eurent guère de mal à vaincre l'adversaire, réduit à un chef blessé, deux hommes et Jaky l'aborigène. Les terribles tribus des Jadhaiganas, en contact avec les insulaires du détroit de Torrès, eurent vite raison des trois derniers Blancs. Seul l'aborigène sortira vivant des marécages et débouchera sur la plage, face aux navires qui, patiemment, attendent le retour de l'expédition.

Après cette première tentative de colonisation, les habitants du cap York purent reprendre leur vie traditionnelle pendant seize ans. Cependant, plus de cent navires empruntèrent chaque année le détroit de Torrès, passant non loin des côtes nord de la Grande Barrière. Cette importante navigation fit songer le gouverneur de la Nouvelle-Galles du Sud à établir une station près du cap York. Station d'intérêt commercial, dont le port pourrait également contribuer à

Page 80 : Le métissage des autochtones de cette région, commencé il y a bien longtemps, apparaît dans ce visage.

Page 81 : Jeune aborigène de Bamaga sans trace de métissage.

secourir les rescapés des navires en détresse parmi les bancs de coraux du détroit.

Le transport des hommes et du matériel se fit, cette fois, par mer, en 1864. John Jardine, alors magistrat de police à Rockampton, fut nommé gouverneur de la station, baptisée Somerset, d'abord simple poste militaire face à l'île d'Albany. Les deux fils du gouverneur, Frank et Alexander, décidèrent de fonder une station d'élevage, autour de l'établissement. Pour cela, ils partirent des sources de la rivière Gilbert, non loin de l'actuel Cairns, avec 250 têtes de bétail, à travers un pays inconnu, car ils voulaient éviter d'emprunter le trajet de Kennedy.

Une fois de plus, pendant dix mois, les aborigènes luttèrent pour repousser l'envahisseur. Leur combat le plus dramatique fut celui de la rivière Mitchell. Ils étaient quatre-vingts hommes, devenus de féroces guerriers, qui attendaient de pied ferme les dix Blancs de l'expédition là où ils devaient traverser une rivière. Probablement effrayés par le bruit des chevaux, par leur apparence et par leur vitesse au galop, ils se firent acculer dans un marécage où les Blancs les tuèrent jusqu'au dernier. D'autres Noirs prirent la relève et harcelèrent les pionniers jour et nuit, sans pour autant les empêcher d'atteindre Somerset, le 2 mars 1865. Pourtant, ils virent les chevaux de leurs ennemis mourir les uns après les autres; les dix Blancs parcoururent à pied les cinq cents derniers kilomètres. Frank et Alexander arriveront malgré tout à leur but sans avoir perdu un homme et avec deux cents des deux cent cinquante têtes de bétail de départ. Il est probable qu'un tel troupeau d'animaux inconnus, donc redoutables aux yeux des autochtones, fut lui aussi une force dissuasive qui détermina en partie la victoire des Blancs. Il n'en demeure pas moins que cette expédition est l'une des plus héroïques de l'histoire de l'exploration de l'Australie.

Bien qu'elle eût secouru les équipages de trois navires naufragés dès la première année, la station de Somerset ne fut pas maintenue. Elle se révéla en effet située trop au sud du détroit de Torrès pour que les bateaux s'y arrêtent volontiers. Pour le malheur des autochtones, le gouvernement de la nouvelle colonie anglaise y gardera cependant un représentant. Lorsque Frank Jardine en deviendra le gouverneur, il passera son temps à combattre les aborigènes. A cette époque, les marins de la station avaient été remplacés par une police montée de l'État du Queensland, formée d'aborigènes venus du Sud. Frank Jardine, rapporte John Singe à qui nous devons ces informations, en fera une arme meurtrière contre les autochtones de la région de Somerset. Et, bien qu'à la fin de sa vie son attitude envers les Noirs ait changé totalement, pendant des années sa cruauté aura été telle qu'aujourd'hui encore les aborigènes craignent son esprit qui, à leur dire, hante la rivière baptisée de son nom.

Une autre épreuve à laquelle seront soumis les aborigènes de la péninsule du cap York sera l'invasion de leur pays par les chercheurs d'or.

Malgré l'expédition Kennedy et l'établissement de la station de Somerset, le cap restait le territoire des aborigènes. Or, en 1873, un prospecteur d'or, Mulligan, trouva une quantité appréciable d'or alluvial dans la jungle du Sud. Une ruée vers cette région commença aussitôt et, dix-huit mois plus tard, trente-cinq mille hommes, dont près de la moitié sont chinois, campent dans des abris de fortune, dans la région de Cooktown, près de la rivière Palmer. Trente-cinq mille hommes qui firent fuir le gibier ou l'exterminèrent. Les autochtones, habitués à vivre dans un pays de cocagne, furent tout à coup sans ressource.

Dans un sursaut de désespoir, à l'aide de flèches, de massues et de pierres, ils tuèrent autant de Blancs et de Jaunes qu'ils le purent. Et, lorsque la famine devint intolérable, ils mangèrent de temps à autre la chair de leurs victimes. Cela n'empêcha pas les Blancs et les Jaunes de s'entretuer. Lorsqu'un officier du gouvernement eut donné le « conseil », si ce n'est l'ordre, de tirer sur chaque Noir, les autochtones connurent l'horreur du génocide. Une police montée parcourut la jungle pour traquer tous les petits groupes d'indigènes, tirant sur les hommes, les femmes et les enfants. Pour ce travail d'assassinat en grande série, les colons se servirent une fois de plus des soldats noirs originaires du Sud, qu'ils avaient eu le temps d'entraîner aux armes depuis l'établissement du premier pénitencier et la disparition de la vie tribale.

En représailles de l'assassinat de deux Blancs perpétré par des autochtones, qui s'étaient ainsi vengés d'un raid meurtrier dans la jungle, le sub-inspecteur O'Connor demanda aux soldats de la patrouille qu'il commandait de tirer sur un groupe de trente et un indigènes en train de se baigner sur une plage. Vingt-huit furent tués. De larges flaques de sang s'étendirent sur la surface des flots, annonçant la fin de l'harmonie de la préhistoire. Ce miracle se terminait.

Page 84 : Pandanus sur le rivage dénudé du cap York.

Page 85 : Une piste de 900 km permet d'atteindre le sommet de la péninsule. Elle réserve quelques surprises aux rares automobilistes qui s'y aventurent.

4- Le détroit de Torrès

Ce détroit qui sépare la Nouvelle-Guinée du cap York, cette ultime pointe de l'Australie brandie comme une épée vers l'Asie n'évoque pas seulement le nom du navigateur qui le franchit en 1606. Il rappelle les souvenirs des innombrables marins qui y ont péri; il évoque un monde liquide, parsemé d'îles hantées par des « sauvages redoutables » qui massacrèrent les naufragés après avoir payé eux-mêmes le tribut d'une lutte sans merci contre les envahisseurs. Il reste auréolé de mystère, d'aventures et de tueries.

Bien que les îles du détroit de Torrès soient rattachées à l'Australie, rien en elles n'évoque le continent austral. Ce n'est déjà plus l'Australie et ce n'est pas encore la Nouvelle-Guinée. C'est un monde à part, un monde oublié qui n'a pas donné lieu à beaucoup de littérature; c'est l'un des derniers espaces à échapper à la pollution touristique. Car ces îles, difficiles d'accès, sont classées comme réserves; un permis est nécessaire pour s'y rendre; il faut montrer patte blanche pour découvrir ce monde qui ne ressemble à aucun autre.

C'est à Cairns que vous prendrez un avion de la Compagnie Bush Pilote Airways, Folkler Friendship Service, la première compagnie à établir des services dans les régions les plus reculées du Grand Nord australien.

Une escale à Bamaga, l'une des réserves aborigènes du cap York, annonce un monde différent de celui que vous venez de quitter. Dès la descente d'avion, la chaleur humide des tropiques vous enlace. Pourtant, sur le sol rouge du petit aéroport de fortune, encerclé par une épaisse forêt sombre, de jeunes Noirs, grands, minces, aux visages magnifiques, poussent avec rapidité les chariots à bagages. Ce sont les insulaires du détroit de Torrès, venus s'établir dans cette région il y a un siècle.

L'avion repart et, quelques minutes plus tard, se pose sur l'île Horn où bagages et passagers sont chargés sur un caboteur aussi folklorique que les goélettes tahitiennes. Un quart d'heure de navigation, et voici Thursday Island, l'Ile du Jeudi, à 50 km du nord-ouest du cap York. C'est là que fut transféré le poste administratif de Somerset, en 1875.

Étrange émotion que l'arrivée sur cette île. Sur la jetée, une majorité d'autochtones vont et viennent, irradiant, comme la plupart des populations noires, une intense joie de vivre, très communicative. Couleurs, rires, quolibets fusent comme au théâtre. Et le ciel est trop bleu, trop bien fardé avec un petit nuage ventru, esthétiquement indispensable; les îles volcaniques derrière vous sont trop parfaites de symétrie; elles semblent posées sur une eau laiteuse dans la lumière de l'après-midi, comme une opaline liquéfiée. Sur cette étendue d'apparence factice, un grand bateau-perlier se tient immobile, très opérette avec sa coque rouge et ses trois mâts d'autrefois. Devant vous, la plage scintillante s'étire, bordée d'arbres magnifiques, aux frondaisons basses et rondes, d'un vert trop éclatant pour être vrai; au-dessus, le vert un peu fané des flancs de la colline se pare du jaune éclatant des fleurs de kapotiers. Vous souriez, incrédule quant à la réalité d'un tel décor.

C'est au sommet de l'île que l'on découvre le paysage le plus magnifique. A perte de vue, des sommets auréolés à leur base par des eaux bleu indigo, turquoise, vert émeraude, chacune ourlée de l'écume blanche des récifs.

A perte de vue aussi, des îles, celle du Prince-de-Galles, la plus importante, de Mercredi, ainsi baptisée par le capitaine Blight qui l'aperçut un mercredi de l'année 1788; celles de Possession, de Vendredi, de Hammond, etc. Et, à soixante kilomètres à l'horizon, à peine discernable à l'œil nu, une masse sombre, la Nouvelle-Guinée, l'autre rivage du détroit de Torrès. Plus de trente-cinq îles jalonnent le détroit, la plupart minuscules et inhabitées.

Avec ses trois cent seize hectares, l'île du Jeudi, T.I.[1] comme l'appellent les insulaires, est l'une des plus petites, mais la plus peuplée car c'est la capitale administrative de la région. C'est ici que réside le représentant de l'État du Queensland, dont dépend le détroit.

Chaque île habitée, incluse dans la réserve du détroit, est gouvernée par cinq conseillers et possède sa propre police, sa justice pour les délits mineurs, un magasin d'approvisionnement, une école, un centre médical et un équipement de communication. L'île de Dauan, dominée par un étrange piton rocheux, qui compte parmi les plus petites îles habitées et les plus sauvages, à quatre kilomètres des côtes de Papouasie Nouvelle-Guinée, est dotée d'un radiotéléphone, situé dans une cabine téléphonique transparente, comme on en voit tant en Europe; elle s'élève, solitaire et inattendue, dans un paysage encore empreint de sa beauté sauvage, originelle.

Découvertes et occupées par les Anglais, ces îles furent tout naturellement rattachées à l'Australie. Lorsque la Papouasie Nouvelle-Guinée accéda à l'indépendance en 1975, elle aurait pu légitimement demander leur rattachement à son territoire. Mais cette jeune nation, récemment encore sous tutelle australienne, et dépendant matériellement de ce pays, ne les revendiqua pas. De surcroît, les insulaires, qui ne se reconnaissent ni australiens ni papous, préfèrent dépendre d'un pays riche et généreux plutôt que d'une nation en voie de développement, en proie à des problèmes économiques.

Choix judicieux car les ressources de ces îles, qui jadis reposaient principalement sur la pêche des huîtres perlières, des trochus et des bêches-de-mer, se sont réduites comme une peau de chagrin. La pêche reste cependant la principale richesse; les langoustes, incroyablement abondantes, sont d'un rapport très lucratif pour de nombreux insulaires. Certains sont fonctionnaires; d'autres, hommes ou femmes, s'enrôlent dans la marine royale australienne; d'autres enfin, les plus nombreux, sont sans emploi. Ils vivent de l'aide de leur famille, et surtout de celle du gouvernement australien, particulièrement prodigue envers ces autochtones. Etre chômeur à T.I. n'est pas un cauchemar mais un rêve. Chaque famille possède sa petite maison sur pilotis, souvent son bateau à moteur et parfois sa voiture pour rouler sur les dix kilomètres de piste que possède l'île. La nature offre des poissons, des tortues, des dugongs à profusion avec, en prime, un merveilleux paysage et un climat qui permet de porter un minimum de vêtements. Le gouvernement pourvoit au reste.

Qu'un habitant d'une île souffre du mal le plus bénin, il lui suffit d'adresser un message radio à T.I. pour qu'une heure plus tard un hélicoptère à quatre cents dollars de l'heure vienne le chercher, aux frais du gouvernement.

Cette générosité n'est peut-être pas tout à fait désintéressée : le détroit de Torrès représente en effet un point stratégique de défense, vital pour l'Australie. C'est le seul

1. Diminutif de Thursday Island.

Pages 88-89 : Le développement de l'élevage au sud de la péninsule du cap York a raréfié la faune et la flore des sous-bois et transformé la forêt.

passage reliant le Pacifique à l'océan Indien. Chaque année, deux cent trente navires de toute nationalité l'empruntent pour gagner le Pacifique ou en sortir, ce qui représente une moyenne annuelle de trois millions et demi de tonnes de marchandises.

Bien qu'aujourd'hui les navires soient dotés d'instruments de navigation perfectionnés, peu prennent le risque de s'engager dans les eaux du détroit, le plus dangereux du monde, sans être accompagnés d'un pilote australien qui monte à leur bord, amené par l'un des bateaux-pilotes basés sur Thursday Island. Ces petits bateaux, extrêmement rapides, aussi profilés et étanches que des sous-marins, sortent par tous les temps. Ils affrontent les plus terribles tempêtes pour conduire le pilote jusqu'au navire qui attend à l'entrée du grand chenal du Nord-Est, près de l'île Booby. Une fois monté à bord, le pilote est responsable du navire, qu'il doit guider dans les labyrinthes des récifs du détroit et de la Grande Barrière, jusqu'à Brisbane, ou Sydney : un voyage d'une semaine.

L'absence totale de tourisme a conservé à Port Kennedy, unique agglomération de Thursday Island et capitale du détroit, l'apparence d'un port des mers du Sud du siècle dernier. Les habitants sont fiers d'y posséder trois hôtels. Hôtels pittoresques, sympathiques et sans étoile, constamment complets car ils sont fréquentés toute l'année par des fonctionnaires en déplacement, des hommes d'affaires australiens et japonais, et des marins aux visages boucanés, sortis tout droit d'un roman de Kessel ou de Conrad.

Face à la plage, le Federal Hotel, une grande bâtisse en bois, flanqué d'un balcon circulaire, ne manque pas de charme et d'imprévu; le soir, la salle à manger de style colonial se transforme en discothèque! Une sono tonitruante retentit et des lumières multicolores, alternées par flashes, soulignent avec violence l'étrangeté des visages des insulaires dansant le jerk. L'atmosphère lourde, enfumée, accentue l'insolite de ce lieu. Au bar, affalés sur leur tabouret, des clients trop imbibés de bière pour danser! Car la bière coule à flots à T.I. Les amoncellements de bouteilles cassées sur les plages témoignent avec vigueur de la propension des habitants à l'alcool, quelle que soit leur couleur.

A part cet établissement tumultueux qui attire la réprobation des gens bien-pensants, cette île est des plus paisibles et il fait bon y vivre. Isolés du reste du monde, insulaires et résidents australiens semblent éprouver une indifférence totale pour les problèmes et les drames qui agitent notre époque.

Cette charmante petite capitale, adossée à la colline, ouverte sur une mer turquoise, ne compte qu'une seule rue commerçante où s'égrènent les lieux cultuels des nombreuses confessions chrétiennes offertes aux deux mille quatre cents habitants. « Il y aura bientôt plus d'églises que de commerçants », commente malicieusement un Australien. Impossible d'être païen à T.I. ou de rester fidèle aux croyances du temps passé. Le dimanche, les églises affichent complet. Une foule, bigarrée et respectueuse, se recueille devant l'officiant, au rythme sourd et lent des grands tambours, vestiges des traditions ancestrales, oubliées, gommées par l'Occident.

A la sortie, les visages noyés dans la pénombre de l'église se trouvent brusquement exposés aux violents rayons d'un soleil tropical. Ils apparaissent alors dans toute leur diversité de traits, de formes, de couleurs; des yeux asiatiques sur une peau d'ébène, de grands yeux à la pupille laiteuse d'aborigène australien dans un visage d'Européen; des yeux bleus dans un visage surmonté de cheveux blonds crépus! Que de métissages, que de pincées de chromosomes distribuées à chaque individu par les lois du hasard de la grande aventure humaine...

Ce métissage, commencé jadis avec les Chinois et les Malais venant chaque année pêcher les bêches-de-mer, avec les Papous et les aborigènes australiens, s'accentua lors de l'établissement des Blancs dans les îles. En effet, la recherche de l'or, puis l'industrie perlière, créée par les Européens et les Japonais au siècle dernier, amenèrent des habitants d'autres îles du Pacifique, des Indonésiens, d'autres aborigènes, d'autres Occidentaux et de nombreux Japonais. Aujourd'hui, les autochtones sont les descendants d'une multitude de types humains. Ils ont gardé leur haute stature et une intelligence que l'on remarqua dès les premiers temps. Mais il est souvent impossible de découvrir leur ascendance raciale. Par ailleurs, aucun type particulier ne s'est dégagé de cet invraisemblable métissage. Les mélanges de sang ont été si grands qu'aucun visage ne ressemble à un autre, sauf, parfois, entre proches parents.

Il subsiste peu de leurs coutumes traditionnelles. Ils représentent cependant un peuple unifié et ils sont fiers de leur idendité, très soucieux de ne pas être confondus avec les Mélanésiens ou les aborigènes d'Australie.

Le lendemain de votre arrivée, l'impression d'irréalité continue lorsque Jimmy vient vous chercher pour vous faire visiter quelques îles. Il s'encadre dans la porte de l'hôtel, symbole du bel insulaire des mers du Sud. Il s'avance vers vous, grand, mince, la démarche altière, offrant au regard sa peau brune, plus maori qu'australoïde, ses traits et sa barbe d'Indien; il tient dans ses mains au longs doigts effilés le dernier modèle du fusil sous-marin. D'un geste d'homme bien élevé, il vous invite à monter dans la voiture d'un copain qui vous conduit à son dinghy tout neuf.

Pendant des heures, vous longerez les côtes de petites îles volcaniques du groupe Prince-de-Galles. Quelque chose dans leur apparence, dans les fonds sous-marins, vous fera pressentir qu'autrefois elles ne formaient qu'une seule terre. Et, en effet, elles s'élèvent sur le plateau continental de Sahul qui, à cet endroit, émergeait des eaux huit mille à dix mille ans avant notre ère, séparant l'océan Indien de l'océan Pacifique et reliant l'Australie à la Nouvelle-Guinée.

Cette terre légèrement inclinée vers l'ouest était sillonnée par de larges rivières aux innombrables méandres, formées par les eaux venues du nord de l'Australie et du sud de la Nouvelle-Guinée. Il est aujourd'hui admis que ce pont de terre fut peuplé, comme l'Australie et la Nouvelle-Guinée, bien avant la dernière période glaciaire. Ensuite, lors de la fonte des glaces qui éleva le niveau des océans, les populations se réfugièrent soit sur les hautes terres australiennes (aujourd'hui extrême pointe nord du cap York), soit au nord, sur les hautes terres de la Papouasie (plateau d'Oriomo), soit enfin, dans un dernier temps, six mille cinq cents ans avant notre ère, probablement lors d'une montée soudaine des eaux, sur les hauteurs de l'ouest du plateau lui-même. Ces sommets, la fonte des glaces terminée, formèrent l'un des groupes d'îles du nouveau détroit : l'archipel Prince-de-Galles.

L'immersion du plateau de Sahul avait eu pour conséquence la jonction des deux plus grands océans de la planète, l'océan Pacifique et l'océan Indien. Deux énergies colossales s'étaient alors affrontées, créant entre les îles des courants terriblement violents. Il fallut mille cinq cents ans avant qu'apparaisse une certaine stabilité. Les géologues pensent que depuis cinq mille ans avant notre ère, la configuration des terres du détroit de Torrès n'a guère changé, les constructions coralliennes mises à part. On trouve à l'ouest l'archipel Prince-de-Galles, formé d'îles hautes et relativement grandes, rocailleuses, couvertes d'une maigre végétation, qui sont donc le prolongement des sommets de la cordillère australienne; et, à l'est, les îles volcaniques du groupe Murray, recouvertes, au contraire, d'une végétation tropicale luxuriante.

Le grand changement topographique provient de la colonisation des nouveaux fonds sous-marins par les polypes constructeurs. La faible profondeur des eaux du détroit — à l'ouest parfois moins de 9 m et jamais plus

---

Page 92 : Venu du faîte d'un grand arbre, ce possum *(Petaurus norfolcensis)* vient de se poser sur une branche fleurie après un vol plané.

Page 93 : La raréfaction de certaines espèces d'eucalyptus dont se nourrit le koala réduit sa population.

de 18 m — avait en effet créé un habitat idéal pour ce genre de madrépores. Ils édifièrent des murs de corail entre les îles et furent responsables de l'apparition d'îles coralliennes vers l'est.

Les populations de ces îles, celles du golfe de Carpentarie, d'Arnhem Land, au nord de l'Australie, et celles du sud de l'Irian Jaya, présenteraient toutes un fond génétique commun. Ce qui signifie qu'elles sont soit originaires du plateau de Sahul soit le résultat d'un mélange de races entre les habitants d'Australie et de Nouvelle-Guinée, par l'intermédiaire du plateau de Sahul.

Des anthropologues pensent que les tribus indigènes, suivant leurs origines, entretenaient de bonnes ou mauvaises relations avec les insulaires du détroit de Torrès. La géographie physique et humaine du détroit est donc liée avec celle du nord de la Grande Barrière.

Quoi qu'il en soit, la mauvaise réputation des Occidentaux s'était également propagée sur le continent à partir du nord, les insulaires ayant été les premiers à en faire la dure expérience.

Le détroit a été mentionné sur les cartes maritimes dès 1571. Une tradition orale, plus difficile à contrôler mais fort plausible, rapporte que sur l'île Mer le village Las fut occupé par les naufragés d'un bateau espagnol, plusieurs siècles avant le passage de Cook.

L'historique de la navigation occidentale dans le détroit est en effet une longue suite de drames. Et les renseignements obtenus sur les mœurs et les coutumes des habitants de cette région sont dus en grande partie à une jeune femme, Barbara Thompson, rescapée d'un naufrage et recueillie par des indigènes sur l'île Possession en 1844. Elle vécut quatre ans avec les insulaires avant qu'un autre navire le *Rattlesnake* la ramène vers ses semblables.

Le détroit de Torrès fut officiellement découvert quand les Portugais et les Espagnols recherchèrent la Terra Australis, terre que Ptolémée avait pressentie deux siècles avant Jésus-Christ. Pedro Fernandez Quiros crut l'avoir trouvée lorsqu'il longea les côtes de l'île Esperanto Santo. Mais son lieutenant, Luis Vaez de Torrès, eut l'intuition qu'elles n'étaient pas celles d'un continent; il le prouva en les contournant. Puis, alors qu'il voulait rejoindre les îles Salomon, au nord, il fut piégé par les vents de la mousson du sud-est et forcé d'avancer prudemment le long de la côte sud de la Nouvelle-Guinée. En septembre 1606, il atteignait l'île des Chiens, aujourd'hui Daru. Quatre semaines de navigation cauchemardesque allaient commencer.

Lorsque les deux navires de Torrès furent poussés dans le détroit, ils se trouvèrent dans un labyrinthe d'îles, d'îlots, de cayes mais aussi d'innombrables bancs de sable, de rochers à peine immergés à marée haute. Le mouvement des vagues était irrégulier, comme aujourd'hui, avec des creux atteignant communément trois mètres; des courants extrêmement violents circulaient entre les îles au moment du flux et du reflux. On imagine mal l'aventure que pouvait représenter une navigation dans de tels parages, sans moteur, à une époque où n'existait même pas la longue-vue pour voir de quoi le prochain mille allait être fait, lorsque aucun membre de l'équipage ne pouvait dire combien de jours, de semaines ou de mois cet enfer allait durer.

Torrès navigua à vue avec, par instants, des profondeurs de trois brasses (5,48 m). Grâce à sa grande adresse, à son instinct du danger et, bien sûr, à sa chance, il réussit à sortir indemnes les deux bateaux. Des spécialistes pensent qu'il emprunta le détroit Endeavour, comme Cook cent ans plus tard.

Contrairement aux grands navigateurs qui le suivront, Torrès ne semble pas s'être rendu compte combien il était important, pour le succès de la traversée du détroit, d'établir de bonnes relations avec les insulaires. Au cours de cette longue traversée, lorsque les fonds sous-marins le permettaient, les bateaux relâchaient près de certaines îles. Lors d'une halte sur l'île corallienne de Dungeness, l'un de ses marins, parti à la recherche de nourriture, tua sans raison un indigène resté sur l'île pour garder un groupe de femmes. Puis, lui et ses compagnons choisirent trois des plus jeunes filles, qu'ils destinèrent « au service de l'équipage ».

Six semaines plus tard, l'une d'elles accoucha sur le bateau. Le choix d'une femme en état de grossesse avancée dut provoquer de fortes réactions chez les insulaires car, dans les sociétés primitives, les femmes enceintes sont entourées d'un grand respect. Ce même jour, un chien de l'île fut tué pour le repas. Sa chair s'étant révélée agréable, il s'ensuivit une chasse aux chiens. Puis, afin de reconstituer leur stock de nourriture, les marins pillèrent les plantations et les réserves.

Ces premiers actes de brigandage et de sauvagerie gratuite établirent la réputation de « sauvage » désormais attachée à l'homme blanc. Depuis Torrès jusqu'en 1877, cinq ans après que les îles eurent été annexées par l'État du Queensland, les crimes se succédèrent avec, parfois, de véritables génocides[1].

Les grands navigateurs les mieux disposés ne pourront pas toujours éviter les affrontements mortels. Lorsque le capitaine W. Blight, en 1788, après la révolte du *Bounty,* sera abandonné sur une petite embarcation avec dix-huit marins qui lui restaient fidèles, il traversa le détroit en empruntant un nouveau passage sans incident grave. Mais lorsque, en 1792, il empruntera à nouveau le détroit avec la *Providence* et l'*Assistant,* pour convoyer jusqu'aux Antilles deux mille plants d'arbre-à-pain embarqués à Tahiti, il ne pourra éviter les affrontements avec les insulaires.

Pendant dix-neuf jours, il naviguera dans le labyrinthe des récifs coralliens afin d'établir une carte de navigation précise. Il trouvera une nouvelle passe, la passe Blight. Malgré son espoir d'établir des relations amicales avec les insulaires, il devra les combattre : son lieutenant Tobin, parti en reconnaissance sur un cotre, ouvrira les hostilités en tirant, par frayeur, sur l'un des quatre grands canots indigènes venus à sa rencontre. Aujourd'hui, sur la carte, les noms « îles des Guerriers », « récif des Guerriers », rappellent les combats que Blight dut livrer contre son gré.

En dépit des difficultés rencontrées avec les insulaires, Blight saura lui aussi sortir les deux bateaux indemnes du dédale des récifs de corail inconnus. Mais tous les capitaines n'auront pas le génie de la navigation de Torrès, de Cook ou de Blight. Et, lorsque les navires préféreront emprunter le détroit au lieu de contourner le cap Horn, les autochtones assisteront à de nombreux naufrages. Ils massacreront souvent les rescapés, les prenant pour des fantômes.

Il faut dire qu'à cette époque les insulaires du détroit étaient de terribles guerriers, souvent chasseurs de têtes, cannibales et maîtres du détroit, malgré quelques incursions du sultan de Timor qui venait chercher des plumes de paradisiers et des esclaves dans leur territoire.

Néanmoins, ils épargneront plusieurs naufragés, comme Barbara Thompson, jeune fille de dix-sept ans, accueillie et intégrée dans le système social des Kauraregs, qui avaient vu en elle la réincarnation de la fille de leur chef. Il y eut aussi deux enfants, sans doute sauvés pour la même raison ou simplement parce que les insulaires du Pacifique éprouvent un amour exceptionnellement fort envers les enfants. Ces jeunes rescapés, recueillis plus tard par un autre navire, ressentiront un immense chagrin lorsqu'il leur faudra quitter leurs parents adoptifs.

Les redoutables défenseurs du détroit de Torrès devront cependant capituler devant les Blancs malgré leur agressivité, leurs canots de technique avancée et leur science de la navigation, qui avaient étonné Mathew Flinder, alors à bord de la *Providence.* Flinder avait remarqué : « Aucun bateau n'aurait pu mieux louvoyer que ces longs canots montés par des sauvages nus. » Leur

1. John Singe : *le Détroit de Torrès.*

Page 96 : Le casoar, grand oiseau marcheur aux ailes atrophiées, est l'un des rares animaux agressifs de la forêt dense.

Page 97 : Un émeu albinos.

adresse au tir, avec des flèches de bois extrêmement dur, capables de transpercer la coque des vaisseaux, ne les empêchera pas non plus d'être vaincus. Très vite, leur organisation sociale s'effondrera car, dans leur ensemble, les populations désireront échapper à la menace constante des raids de chasseurs de têtes et se tourneront plus volontiers vers l'envahisseur. Lorsque les missionnaires s'établiront sur l'île de Thursday, après quelques drames, la plupart des insulaires verront dans leur enseignement « l'arrivée de la lumière » *(the coming of the light).* Cet événement, qui marque l'anéantissement d'une société dite primitive, est encore célébré chaque année.

5-S.O.S. Grande Barrière

Dès l'arrivée des premiers colons sur les côtes qui bordent la Grande Barrière, l'équilibre de cette dernière fut perturbé par le déboisement. Déboisement entrepris avec une ardeur d'autant plus grande que la forêt, formée d'essences d'arbres inconnus, effrayait les colons. Puis, des milliers de bovins et d'ovins — hérésie de la civilisation occidentale — se déversèrent sur les terres ainsi déboisées et rendirent rapidement semi-désertiques des immensités autrefois occupées par des arbres gigantesques et recouvertes par un humus particulièrement riche. La culture de la canne à sucre détruisit une grande partie de la forêt côtière, directement en symbiose avec les eaux de la Grande Barrière. Dès 1904, quatre-vingt-seize mille hectares avaient déjà été défrichés et replantés avec cette espèce d'herbacée.

Les feux, inhérents à cette culture, brûlèrent accidentellement de vastes surfaces dans l'enceinte de ce qui n'avait pas encore été déboisé. Les chiens et les chats domestiques finirent par réduire dangereusement, et parfois anéantir, les espèces que les incendies et les chasses avaient épargnées. Il serait trop long d'énumérer la destruction des animaux autochtones, qui étaient de véritables fossiles vivants. Destruction motivée par la création de commerces de peaux et de plumes, par la distribution de primes lorsqu'il s'agissait d'espèces dites nuisibles à l'agriculture; mais aussi par la simple folie de tuer, sans raison, si ce n'est celle de l'amusement trouvé dans le tir. En quelques décennies, la chaîne symbiotique millénaire fut largement transformée avant que l'homme blanc ne s'aperçoive de sa richesse intégrale.

Métamorphosée par les destructions et par l'arrivée des animaux satellites des Européens, elle le fut également par l'introduction d'autres espèces, qui répondait soit à une simple nostalgie, comme le lapin, soit à une « nécessité » humanitaire ou écologique.

Les cochons, par exemple, furent lâchés par Cook sur les côtes de la Grande Barrière pour que d'éventuels naufragés trouvent de quoi subsister. Ils se sont tellement multipliés dans le Grand Nord qu'ils sont devenus un véritable fléau. Des hordes de centaines d'individus labourent tout sur leur passage, terrains vierges comme terrains d'atterrissage. De plus, ils sont de grands propagateurs d'épidémies. Il est certain qu'ils ont modifié et continuent à modifier l'équilibre écologique préoccidental de la région.

Quant au crapaud-buffle, *Bufalo marinus* introduit en 1935 pour combattre un insecte nuisible à la canne à sucre — auquel il en préféra un autre, bien australien, et inoffensif pour cette culture — il cause des ravages dans la faune par le poison mortel que sécrète sa peau. Si l'augmentation de sa population n'arrive pas à être enrayée, le crapaud-buffle interviendra de façon dramatique dans la chaîne symbiotique de la Grande Barrière, mais aussi dans celle d'autres États australiens.

L'interférence de l'homme dans l'équilibre des forces que constitue le monde de la

Grande Barrière n'est cependant pas un phénomène nouveau. Car, si les aborigènes avaient été des prédateurs raisonnables, il n'en avait pas été de même avec les Asiatiques; les Chinois prétendent sillonner les côtes nord et est de l'Australie depuis deux mille ans et les Japonais s'y seraient aventurés dès le XVI siècle. Les Chinois venaient chercher les bêches-de-mer *(Stipochus varigatus)* dont ils tiraient un aphrodisiaque et une soupe renommée. Or, on sait aujourd'hui que ces échinodermes contribuent à maintenir la pureté des eaux en se nourrissant des détritus d'animaux et de végétaux contenus dans le sable. Deux mille bêches-de-mer ramassées empêchent soixante tonnes de sable d'être purifiées. Au moment où l'on pensait à les protéger, de récentes études ont démontré que cet étrange animal pourrait être employé dans la lutte contre le cancer.

Les Chinois récoltaient également les bénitiers géants (tricdane), coquillage dont la chair constitue un mets de grand luxe, atteignant des prix élevés encore aujourd'hui. Cette pêche continue et certains bateaux repartent vers la Chine chargés de soixante mille mollusques. Cette pratique est bien entendu interdite par les autorités australiennes. Mais la rentabilité fabuleuse de l'opération rend inefficaces les pénalisations actuellement en vigueur. La saisie des bateaux — vieux rafiots sans valeur — leur destruction et les fortes amendes n'empêchent pas les récidives. Or, ces gigantesques coquillages, par la symbiose qu'ils ont établie avec certaines algues, jouent un rôle important dans la vie du récif.

Les tortues furent elles aussi tuées par milliers. Au moment de la ponte, la Grande Barrière (les groupes d'îles Capricorne et Bunker en particulier) attire les plus grands rassemblements du monde des espèces *Chelonia-mydas,* ou tortues vertes, et *Caretta-caretta,* ou tortues-à-bec.

La tortue-à-bec fut traquée pour l'industrie de l'écaille car sa carapace, lisse et brillante, était particulièrement appréciée. Son massacre s'arrêta avec l'avènement du plastique. La tortue verte fut chassée pour sa chaire, dès les premiers voyages d'exploration. En 1904, une licence fut accordée pour que l'on fabrique sur l'île Nord-Ouest une soupe avec la chair de cet animal. La nouvelle industrie se poursuivit jusqu'en 1928, avec une interruption durant la Première Guerre mondiale. Cette même année, une seconde licence était accordée sur Héron. Douze mois plus tard, les tortues étaient devenues si rares qu'il fallait aller les capturer sur d'autres îles afin de maintenir l'usine en activité.

Comme sur l'île Nord-Ouest, les femelles représentaient des proies faciles lorsqu'elles venaient à terre pour pondre. C'est donc à la saison de la reproduction que les grands massacres avaient lieu. Les pêcheurs et chasseurs, probablement rendus fous par tant d'abondance, se conduisirent comme des déments, puisqu'ils les tuaient avant la ponte. L'industrie de l'île Héron continua à prospérer et 1929 vit la création du commerce de la viande congelée de tortue. Mais, dès 1930, la fabrication cesse, faute de matière première. Les dernières survivantes de l'espèce sont alors massacrées par des pêcheurs indépendants qui les envoient plus ou moins clandestinement à Brisbane et à Sydney, où elles sont converties en soupe comme des centaines de milliers d'autres auparavant.

En 1932, la licence de fabrication de soupe de tortue sur l'île de Héron est enfin convertie en licence hôtelière. Mais il faut attendre 1950 pour qu'une loi protège officiellement les tortues vertes et leurs œufs dans les eaux de la Grande Barrière et les autres régions du Queensland.

Malheureusement, cette loi concerne seulement les eaux territoriales australiennes. Or, depuis des millénaires, les tortues des eaux tropicales suivent le même itinéraire

Page 100 : Les kangourous sont les ennemis des éleveurs. Malgré une chasse intensive, ils sont encore très nombreux : leur population, pour toute l'Australie, est estimée à plus de dix millions.

Page 101 : Au sud-est de la péninsule du cap York, dans la région Quinkin, les hautes falaises, délaissées par la mer, abritent de merveilleuses peintures rupestres.

pour aller pondre leurs œufs et les enfouir dans le sable des mêmes plages; et ces itinéraires sont connus des pêcheurs professionnels internationaux, qui trouvent toujours acheteur pour leur prises. Il est bien certain que la protection légale ne sert pas à grand-chose si elle ne se double pas d'une interdiction du commerce de la soupe de tortue verte, et cela dans tout l'Occident, si ce n'est pas dans le monde entier. Aussi n'est-ce guère faire preuve de pessimisme que de considérer la loi australienne, venue un peu tardivement, après celle des Indes, des Fidji et des Seychelles, comme inefficace. On verra s'éteindre cet animal marin inoffensif, dont on connaît peu de chose, mais qui a son rôle à tenir dans la grande chaîne symbiotique des océans de notre planète. La diminution de la taille de l'espèce sonne déjà le glas : les plus gros spécimens pèsent aujourd'hui 125 kg contre 425 autrefois.

Le dugong, ou vache de mer, animal également inoffensif, faillit lui aussi être exterminé. Dès le XIXe siècle, il fut en effet massacré sans discernement dans le sud de la Grande Barrière. Toutes les parties de son corps se monnayaient, et l'huile obtenue à partir de sa graisse se vendait particulièrement cher. Des auteurs de l'époque décrivent un troupeau de dugongs dans Wide Bay de 5 km de long et 1 km de large. Le commerce de sa chair, comme pour les tortues, cessa faute de matière première : il n'était plus assez lucratif.

Néanmoins, dans le détroit de Torrès, la chasse continue, pratiquée par les insulaires, qui seuls en ont l'autorisation; mais aussi clandestinement par des pêcheurs étrangers, sans période de répit. La viande du dugong se vend en fraude sur les côtes du Queensland, mais très officiellement en Nouvelle-Guinée sur l'île de Daru, où aucune loi de protection n'a cours. Il est évident que la disparition des fabuleux troupeaux de dugons, qui se nourrissaient des herbes des prairies sous-marines, n'a pas été sans conséquence dans les eaux de la Grande Barrière.

Le déséquilibre écologique peut également être la conséquence d'une loi protégeant une espèce trop nuisible. Il semble bien qu'un tel processus ait été déclenché par la protection des crocodiles, en vigueur dans le Queensland depuis 1972[1].

Dans la région de Bamaga et dans tout le Grand Nord de la Grande Barrière, leur population, en danger d'extinction lorsque la loi fut votée, s'est enfin reconstituée. Aujourd'hui, les crocodiles, nés dans une période d'interdiction de chasse, ne craignent plus l'homme. Or ils se trouvent dans un environnement où la faune autochtone a beaucoup diminué et où les eaux de plusieurs lacs, pour une raison encore inconnue, n'abritent aucune population aquatique et, par conséquent, ne sont pas survolés par les oiseaux. Aussi les crocodiles se rabattent-ils sur les cochons sauvages — ce qui est un bien — mais aussi sur le bétail qui vit en liberté et qui retourne quelquefois à l'état sauvage, sur les chiens, et sur l'homme en qui il ne voit plus un ennemi héréditaire mais un plat de choix. Devenus téméraires, ils s'approchent des villages, beaux stocks de nourriture, et s'en prennent à des enfants ou à des chiens. Des touristes ou des aborigènes qui continuent à pêcher à la manière traditionnelle en longeant les rivières, sans avoir encore appris à se méfier de leur présence sur terre, se font parfois happer par un crocodile qui se dissimulait non plus dans l'eau ou sur la rive mais dans les hautes herbes, loin vers l'intérieur.

D'après les autorités de Bamaga, si on ne prend pas des mesures rapidement, les crocodiles vont se multiplier dangereusement et, ajoutent-elles en plaisantant à peine, atteindront bientôt la région de Cairns, grand centre touristique de la Grande Barrière.

Lorsque le plongeur remonte en surface, encore ébloui par la beauté des jardins coral-

1. Australie de l'Ouest : 1969 et 1970.

Pages 104-105 : Lorsque arrivaient les vents du sud-est, les aborigènes de la Grande Barrière se réfugiaient dans la forêt, où ils trouvaient une nourriture abondante, des abris rocheux et de nombreux lieux cultuels révélés par un art pariétal. Les fresques les plus anciennes auraient été peintes il y a plus de 20 000 ans, les plus récentes au début du siècle.

liens et par la beauté de la faune, tellement prodigue en formes parfaites, en couleurs de rêve, il supporte mal d'être confronté avec les mille formes de pollution qui menacent ce dernier paradis. Pour beaucoup, en effet, l'idée qu'une telle merveille puisse devenir un jour aussi terne, grise et dépeuplée que les eaux de la Méditerranée, cet autre joyau profané, est difficilement soutenable. Et pourtant!

Il suffit de voir un bateau rentrer de la pêche pour penser à toutes les destructions irréversibles que cette activité entraîne. La pêche actuelle, avec ses différentes techniques, intervient de façon dramatique dans l'équilibre des populations aquatiques.

La pêche au chalut, bien qu'officiellement interdite, continue à être la plus dévastatrice. Les bords des filets raclent le fond des océans, entraînant dans les mailles tout ce qui vit : des dugongs, qui meurent asphyxiés, des poissons comestibles souvent trop jeunes pour être monnayés, des espèces non comestibles, des espèces protégées par la loi, des blocs de corail et des myriades de vies microscopiques à tout jamais arrachées à leur habitat où elles avaient un rôle à tenir. Quand le tri se fait, les prises impropres à la consommation sont parfois rejetées à la mer, mais souvent à l'état de cadavres.

Le nombre de touristes étant sans cesse en augmentation, la pêche au harpon, très populaire, représente elle aussi un danger. Danger d'autant plus grand que ces « sportifs-chasseurs-amateurs », sans respect pour la nature, flèchent le plus souvent toutes les espèces qu'ils rencontrent, et, bien sûr, les plus gros spécimens. En réalité, le véritable sport consiste à se faire accepter par la faune d'un endroit, puis à l'observer, comme le font les chercheurs et les plongeurs cinéastes photographes.

Les tournois de pêche aux gros poissons rassemblent en Australie des pêcheurs du monde entier, qui sont de plus en plus conscients que la pérennité de ce loisir dépend de leur respect pour les espèces concernées. Et, généralement, les proies trop jeunes sont rejetées à la mer. Mais résistent-elles souvent à leurs blessures?

Le tourisme est une source de multiples destructions. Les plus évidentes sont la disparition de certains coquillages, l'appauvrissement de la surface vivante du récif où les coraux sont sans cesse écrasés sous les pieds des « visiteurs ». Mais le tourisme est également responsable de la création de services réguliers d'hélicoptères, de bateaux ou d'avions dont les bruits, les vibrations et les échappements de gaz et de mazout représentent de graves nuisances pour un équilibre aussi fragile.

Le tourisme entraîne aussi la construction de complexes hôteliers sur des îles coralliennes, d'où des tonnes d'ordures régulièrement jetées au large et qui interfèrent dangereusement dans la chaîne alimentaire. Ces détritus nourrissent en effet des espèces qui, dès lors, dédaignent leurs proies habituelles et laissent ainsi se multiplier les ennemis d'autres poissons. Les requins, attirés par une nourriture facile, ne sont pas pour autant rassasiés, ce qui les conduit à exterminer la faune régionale, car ils sont devenus trop nombreux. Les ordures lâchées en mer attirent également hors de leur saison de passage les mouettes argentées, qui ont ainsi le loisir de détruire beaucoup plus longtemps les œufs et les oisillons d'autres oiseaux marins.

Les eaux usées, qu'il faut bien déverser quelque part, polluent même lorsqu'elles ne coulent pas directement dans la mer. Par ailleurs, l'érosion des dunes peut être catastrophique lorsque le nombre des promeneurs est important : trop de poids, trop de trépidation, sur un terrain qui n'est qu'un simple amoncellement de sable sur un récif mort. Green Island, où le tourisme sévit depuis près d'un demi-siècle, commencerait à glisser lentement de son socle, et l'érosion est alarmante sur sa côte ouest, où une jetée a été construite.

Le port artificiel creusé dans le récif de Héron a créé de nouveaux courants, responsables d'une grave érosion que l'on arrive mal à maîtriser. Quant aux millions de bateaux de plaisance, qui, à longueur d'année, sillonnent gaiement les eaux cristallines, leur bruit dérange les oiseaux, les tortues et les poissons au moment des accouplements, puis de la ponte; et ils polluent par les gaz et les inévitables pertes de mazout. Sans mentionner les vidanges des bateaux qui empruntent le chenal, impossibles à contrôler.

Les plus grands changements dans l'équilibre écologique préoccidental proviennent de la pollution de la côte du Queensland. Comme partout dans le monde, la mer sert de poubelle et d'égout aux villes côtières. Eaux usées, déchets industriels, déchets des usines où l'on traite la canne à sucre; mais aussi insecticide et engrais employés pour cette culture extensive. Le DDT, encore utilisé par les cultivateurs dans un souci de rendement et d'économie à court terme, menace la faune et la flore sous-marine, comme la faune et la flore terrestre. Il est entraîné par les eaux des rivières loin à l'intérieur de la mer. Son action durable serait responsable de la stérilité de certains poissons, prédateurs de plus petits, qui sont les premiers contaminés. Quels en sont les effets sur les humains qui se nourrissent souvent des produits de la mer?

La pollution la plus grave vient sans doute de l'exploitation minière récente, mais vouée à un avenir « prometteur » puisque des autorisations d'exploitation ont été accordées tout au long de la côte du Queensland, c'est-à-dire tout au long de l'ouest de la Grande Barrière, et sur des îles. Il est bien évident que cette industrie déversera dans la mer une grande quantité de sédiments. Ces particules en suspension dans l'eau diminueraient la pénétration de la lumière et, ce faisant, défavoriseraient ou anéantiraient la vie des polypes constructeurs.

La plus dangereuse menace s'est présentée lorsque le gouvernement du Queensland accorda la permission de forer dans les eaux mêmes de la Grande Barrière pour chercher le pétrole. Les médias réussirent à mobiliser l'opinion publique et, devant la vaste campagne qui s'ensuivit, les autorités durent faire marche arrière. Les Australiens ne sont pas dupes : « Un simple répit, disent certains, le temps de nous conditionner à cette nécessité en brandissant la menace d'être rationnés en essence ou de la payer beaucoup trop cher! » D'autres, moins pessimistes, plus courageux, profitent de ce répit pour combattre afin que de nouvelles étendues d'eau et de terre soient déclarées réserves naturelles.

Cette pollution à multiples facettes a peut-être entraîné la prolifération anormale d'une étoile de mer, une astérie épineuse, l'*Ancasther planci,* qui depuis quelques années met le récif en danger. Selon certains scientifiques, ce phénomène provient de la disparition des différents prédateurs de l'ancasther à différents stades de son évolution; ils sont anéantis par la pollution alors que leur proie s'y adapte parfaitement et même s'y complaît. D'autres attribuent cette multiplication phénoménale principalement à la disparition du triton géant, prédateur de l'étoile à son stade d'adulte; ce mollusque s'en nourrissait occasionnellement et aurait suffi à maintenir stable une population qui, en temps normal, est très peu importante.

D'autres scientifiques, n'aimant peut-être pas se poser de problème, ou défenseurs inconditionnels de notre civilisation industrielle, rétorquent qu'il s'agit d'un cycle naturel et que tout rentrera dans l'ordre dans quelque temps. Leurs déclarations ne s'appuient sur aucune étude préalable, sur aucune observation. Cependant, le pullulement des astéries épineuses en mer Rouge en 1970 et leur disparition en 1972 tendent à leur donner raison, bien que les régions ne soient en rien comparables. Ce qui va probablement diminuer la crédibilité d'autorités scientifiques plus prudentes, quelle que soit la forme de pollution dont elles parleront.

Page 108 : Il y a seulement une vingtaine d'années que les premières galeries furent découvertes. Depuis, plus de mille ont été inventoriées. Beaucoup d'autres resteraient à découvrir.

Page 109 : Ces peintures permettaient aux hommes bruns de communiquer avec les grands ancêtres créateurs, d'accéder au temps du rêve éternel où le passé, le présent et le futur coexistent et de maintenir intact le grand ordre primordial autrefois établi.

Après le scandale des recherches pétrolières, l'opinion publique continua de se sentir concernée par la dégradation de ce qu'elle appelle son « héritage national ». La pression fut assez forte pour que en 1975 on vote un décret concernant la préservation de la Grande Barrière. Ce décret amena la création du Great Barrier Reef Authority en 1976. Dès son avènement, cette organisation commença à étudier les innombrables types de pollution qui menacent la Grande Barrière et à se battre pour faire classer certaines régions en réserves nationales.

En 1979, elle remporta sa première victoire; la section du groupe Capricorne fut déclarée « Marine Park ». Depuis, la lutte continue, et de nouvelles étendues s'ajoutent lentement les unes aux autres. En 1980, elles totalisaient le dixième de la superficie totale. La région comprise entre Cairns et l'île Lézard pourrait être la prochaine conquête. D'énormes intérêts sont en jeu car aucune exploitation minière ou pétrolière ne peut être entreprise dans ces réserves.

Il faut beaucoup d'optimisme, de conviction et d'enthousiasme pour penser qu'un jour la totalité de la province puisse devenir un territoire préservé, seul moyen efficace d'éviter une destruction à long terme; des chercheurs soulignent qu'il suffit d'une seule source de pollution importante pour qu'elle fasse tache d'huile dans le grand bassin que forment les eaux de la Grande Barrière.

Cependant, une mesure récente démontre une prise de conscience mondiale de l'importance du rôle de la Grande Barrière dans le monde océanique : après l'acceptation d'une proposition australienne par l'Organisation consultative de la Marine internationale, les vaisseaux de tous pays éviteront une section du parc marin du Capricorne, section qui s'étend au-delà de la côte comprise entre Rockhampton et Gladstone.

Dans les réserves, le ramassage des coquillages est interdit, ainsi que la pêche au harpon. Des « rangers », gardes marins, patrouillent sur l'eau et sur terre pour surveiller gentiment les touristes. Comme tous les membres du Marine Park Authority, ce sont des passionnés d'écologie, nullement prêts à des concessions. Le soir, dans les hôtels, ils donnent des conférences aux touristes, leur expliquant l'équilibre précaire des îles coralliennes, l'interdépendance des espèces, le danger qu'il y aurait à voir polluer le plancton marin qui produit les deux tiers de l'oxygène de notre terre.

Pour l'instant, dans la vie courante, ces mises en garde ne semblent pas avoir beaucoup d'écho. Les commerçants des agglomérations touristiques vendent des dizaines de milliers de coquillages, en provenance, il est vrai... des Philippines! Vendeurs et acheteurs se donnent bonne conscience en se persuadant que, sans ce commerce, de nombreux Philippins seraient sans ressource.

La pollution en Australie est un phénomène nouveau. Elle est d'autant plus visible et insupportable qu'elle s'étend sur des superficies relativement restreintes et que partout de grandes étendues intactes soulignent ses méfaits. C'est sans doute cette comparaison encore possible qui a sensibilisé les Australiens et en a fait de grands défenseurs de l'environnement. Par la multiplication de leurs parcs nationaux, ils ont prouvé que la nature sauvage pouvait coexister avec le monde industriel.

Leur législation concernant la préservation de la nature arrive en second dans le monde, après celle des États-Unis. Leur pays, d'une superficie représentant quatorze fois et demie la France, est le plus riche en immensités vierges, et beaucoup ont pris conscience de la conséquence que représente, pour le reste du monde, l'avenir de tels espaces.

Les Australiens ne sont pas les seuls à se préoccuper de la nature. En 1977, le premier congrès du World Wilderness se tint à Johannesburg, sous l'impulsion de Yan Player. En 1980, lors de sa deuxième session, il réunit à Cairns, dans la Grande Barrière, quarante experts internationaux et mille cinq cents délégués du monde entier pour étudier et discuter de l'importance des dernières régions sauvages de notre planète dont le cap York. Tous mettent en garde contre une destruction qui priverait le globe d'une ressource irremplaçable.

Dès 1957, en Afrique du Sud, un nouveau genre d'école avait été créé par Yan Player, appelé Wilderness Leadership School. Depuis, de nombreuses autres ont vu le jour dans différentes nations d'Amérique et d'Europe. On y enseigne les relations de l'homme avec la nature, et le danger qu'il y aurait à briser la chaîne symbiotique qui gouverne la vie sur terre; on y apprend aussi que les hommes font partie de cette chaîne et qu'un changement trop brutal peut, à long terme, leur être fatal. Le fondateur de cette nouvelle discipline pense que les jeunes ainsi formés porteront la bonne parole au reste du monde; ils propageront son grand principe, à savoir que « la nature doit être préservée et non assujettie ».

Devant un tel changement de conception de la place de l'homme dans la nature, les vieux aborigènes haussent les épaules, trop désabusés pour manifester le moindre signe de victoire à voir réhabiliter l'enseignement de leurs grands ancêtres. Ils savent que rien ne fera revivre leur civilisation. Et ils doutent fort qu'il soit encore temps d'enrayer les forces du mal qu'a déclenchées le comportement sacrilège de leurs envahisseurs, il n'y a même pas deux cents ans.

BIBLIOGRAPHIE

SI VOUS DÉSIREZ EN SAVOIR DAVANTAGE

BENNETT Isobel : *The fringe of the sea.* Adelaïde, Rigby, 1966.

BENNETT Isobel : *The Great Barrier Reef.* Sydney, Lansdowne, 1971 (New Edition 1981).

BURGESS Warren E. and AXELROD Herbert R. : *Fishes of the Great Barrier Reef.* Neptune City, N.J., T.F.H. Publications, 1976.

BUSTARD H. Robert : *Turtles of Coral Reefs and Coral Islands in Biology and Geology of Coral Reefs.* Edited by O.A. Jones and R. Endean, volume 3, New York, Academic Press, 1976.

COLEMAN Nelville : *Fieldguide to Australia Marine Life.* Adelaïde, Rigby, 1977.

CARCASSON R. H. : *Fieldguide to reef fishes of tropical Australia and Indo-Pacific region.* Sydney, Angus Robertson, 1976.

COOK James : *Relation de voyage autour du monde.* François Maspero, 1980.

CROPP B. : *This rugged coast.* Rigby, 1980.

DAKIN W.J. : *Australia Seashores.* Sydney, Angus Robertson, 1976.

DAKIN W.J. : *The Great Barrier Reef.* Walkabout Pocketbooks, 1970.

DEAS W. and DOMM S. : *Corals of the Great Barrier Reef.* Sydney, Ure Smith, 1976.

GILLETT K. : *The Great Barrier in Color.* A.H. and A.W. Reed Pty Ltd., 1980.

GOEDEN G.B. : *Revised list of fishes of Heron.* Wistari Marine National Park. Queensland. Department of Forestry. Technical Paper n° 2, 1974.

GORSKY B. : *Univers Corallien.* Éditions Albin Michel, 1976.

HILDER Brett : *The voyage of Torres.* University of Queensland Press, 1980.

HINTON A. : *Guide to Australian Shells.* Canberra, A.N.U. Press, 1978.

JELL J.S. and FLOOD P.G. : *Guide to geology og reefs of the Capricorn and Bunker Groups, Great Barrier Reef Province, with special reference to Heron Reef.* University of Queensland. Department of Geology. Papers volume 8 number 3, 1978.

KIKKAWA Jiro : *The birds of the Great Barrier Reef in Biology and Geology of Coral Reefs.* Edited by O.A. Jones and R. Endean volume 3. New York, Academic Press, 1976.

MCGREGORY Craig : *La Grande Barrière.* Time Life International, 1974.

MATHER Patricia and BENNETT Isobel : *A Coral Reef Handbook; a guide to the fauna, flora and geology of Heron Island and adjacent reefs and cays.* Brisbane, Great Barrier Reef Committee, 1978.

MOORE David : *Islanders and Aborigines at Cap York.* New Jersey Humanities Press, 1979.

SAENGER P. : *The Great Barrier Reef; a divers guide.* Brisbane, Scientific Committee, Australian Underwater Federation, 1977.

SINGE J. : *The Torres Strait, People and History.* University of Queensland Press, 1979.

POWER Allan : *The Great Barrier Reef.* Summit Book, 1980.

VILLEMINOT J. and B. : *Australie Sauvage.* Presses de la Cité, 1975.

WALKER R. : *Great Barrier Reef.* Australian Tourist Commission, 1980.

WRIGHT Judith : *Reef, Rainforest, Mangroves, Man, Wildlife.* Preservation of Quennsland Society.

◄ Page 112 : La disparition de la vie tribale a interrompu un art pariétal qui prenait ses sources au paléolithique.

DES MÊMES AUTEURS

Boomerang, 2 tomes, *Australie Blanche; Australie Primitive,* Éditions Julliard, 1954.
Paradis primitif, Éditions Hachette, 1959.
Chez les Papous, Éditions Hachette, 1964.
Coutumes et mœurs des Papous, Éditions SCEMI, 1964.
Nouvelle-Guinée, Éditions Marabout Université, 1967.
Les Seigneurs des mers du Sud, Éditions Laffont, 1962.
Australie terre de fortune, Éditions Laffont, 1971.
La Petite Fille des mers du Sud, Éditions Presses de la Cité, 1974.
Australie sauvage, Éditions Presses de la Cité, 1975.
Nouvelle-Guinée, chez les Papous chasseurs de têtes, Éditions Presses de la Cité, 1978.
Zap, le petit Papou, Éditions Presses de la Cité, 1979.

Page 114 : Un plateau reliant l'Australie à la Nouvelle-Guinée fut recouvert par les eaux il y a huit à dix mille ans; seuls les sommets émergèrent et formèrent certaines îles du détroit de Torrès.

Page 115 : Port Kennedy, capitale administrative des îles du détroit de Torrès.

Titres parus dans la collection
COUP D'ŒIL SUR LE MONDE

Jean-Claude BERRIER
KENYA, SPLENDEUR SAUVAGE
Gérard CIVET et Chantal MANONCOURT
LES INDIENS DU SOLEIL (PÉROU, BOLIVIE)
Douchan GERSI
SAHARA
Marcel ISY-SCHWART
CONGO SAFARI
JOYAUX DES MERS DU SUD
Claude JANNEL et Frédéric LONTCHO
LE DERNIER EMPIRE DE LA VOILE
Michel MONTESINOS
AFGHANISTAN
Guy THOMAS
L'INDE
Christian ZUBER
TAHITI, LES PLUS BELLES ILES DU MONDE

Titres parus dans la collection
CONNAISSANCE DU MONDE

Michel Claude AUBERT
AVENTURES AU PAYS DE L'ELDORADO, L'ORÉNOQUE
MEXIQUE DES ORIGINES AUX MAYAS
Jean-Claude BERRIER
AVENTURES SUR LE COLORADO
Jean-Claude BERRIER - Christian COLONNA
AVENTURES EN LAPONIE
ALASKA, SPLENDEUR SAUVAGE
Emmanuel BRAQUET
LE NÉPAL, DE KATMANDOU AU TOIT DU MONDE
Jacques CHEGARAY
TERRE SAINTE
Gérard CIVET
LES TRÉSORS DE LA COLOMBIE
L'ÉGYPTE, HOMMES ET DIEUX DU NIL
Jérôme DELCOURT
BALI, MATIN DU MONDE
Daniel DREUX
GUATEMALA, DANS LES GOUFFRES DU PAYS MAYA
Jean FOUCHER-CRETEAU
MAGIE DES PROFONDEURS
Annick et Yves GRIOSEL
PÉRIPLE AUX ILES GRECQUES
Marcel ISY-SCHWART
BRÉSIL, PARADIS DE L'AVENTURE
BRÉSIL, TERRE MAGIQUE
Katia et Maurice KRAFFT
A L'ASSAUT DES VOLCANS
DANS L'ANTRE DU DIABLE
Albert MAHUZIER
LE LIVRE D'OR DES MAHUZIER
Danielle et Yves MAHUZIER
LES FILS DU JAPON ÉTERNEL
Louis et Alain MAHUZIER
TRADITIONS DU TIBET, LADAKH ET ZANSKAR
René MANNENT
LES ALPES, DU GROSSGLOCKNER AU PARC DES ÉCRINS
DANS LES ALPES SAUVAGES, LES ÉCRINS
Louis PANASSIÉ - Laurent VERDEAUX
L'ÂME CORSE
André et Zoé PETIT
LA SUISSE, UNE INCONNUE A NOTRE PORTE
Bernard PIERRE
LE NIL, DES SOURCES AU DELTA
Sylvaine et Alain de la PORTE
L'OUEST AMÉRICAIN
Alain SAINT-HILAIRE
MÉSOPOTAMIE, AU PAYS DES CALIFES DE BAGDAD
Jacques STEVENS
CEYLAN-SRI-LANKA, L'ILE RESPLENDISSANTE
Guy THOMAS
O CALIFORNIE
MON TOUR DU MONDE EN CENT 80 JOURS
Jacques et Betty-Paule VILLEMINOT
AUSTRALIE SAUVAGE
NOUVELLE-GUINÉE, LES PAPOUS CHASSEURS DE TÊTES

Page 118 : Seuls les insulaires sont autorisés à capturer les tortues.

Page 119 : Un mariage à l'île du Jeudi. Les parents se sont endettés pour assurer une cérémonie en grande pompe. Les traditions ont disparu sous l'influence de la civilisation occidentale.

TABLE DES CHAPITRES

SEABABY II

Page 122 : Des avions amphibies permettent d'atteindre rapidement les récifs éloignés de la côte. A chaque pas, les touristes écrasent un microcosme unique.

Page 123 : Innis Fall, l'un des centres touristiques où les tournois de pêche aux gros poissons — comme le marlin et le voilier — rassemblent chaque année de riches sportifs du monde entier.

Cet album a été achevé d'imprimer
sur les presses de Bernard Neyrolles - Imprimerie Lescaret à Paris
Photogravure : ASTO à Paris
Photocomposition : Touraine-Compo

Dépôt légal n° 4661 - Janvier 1983.

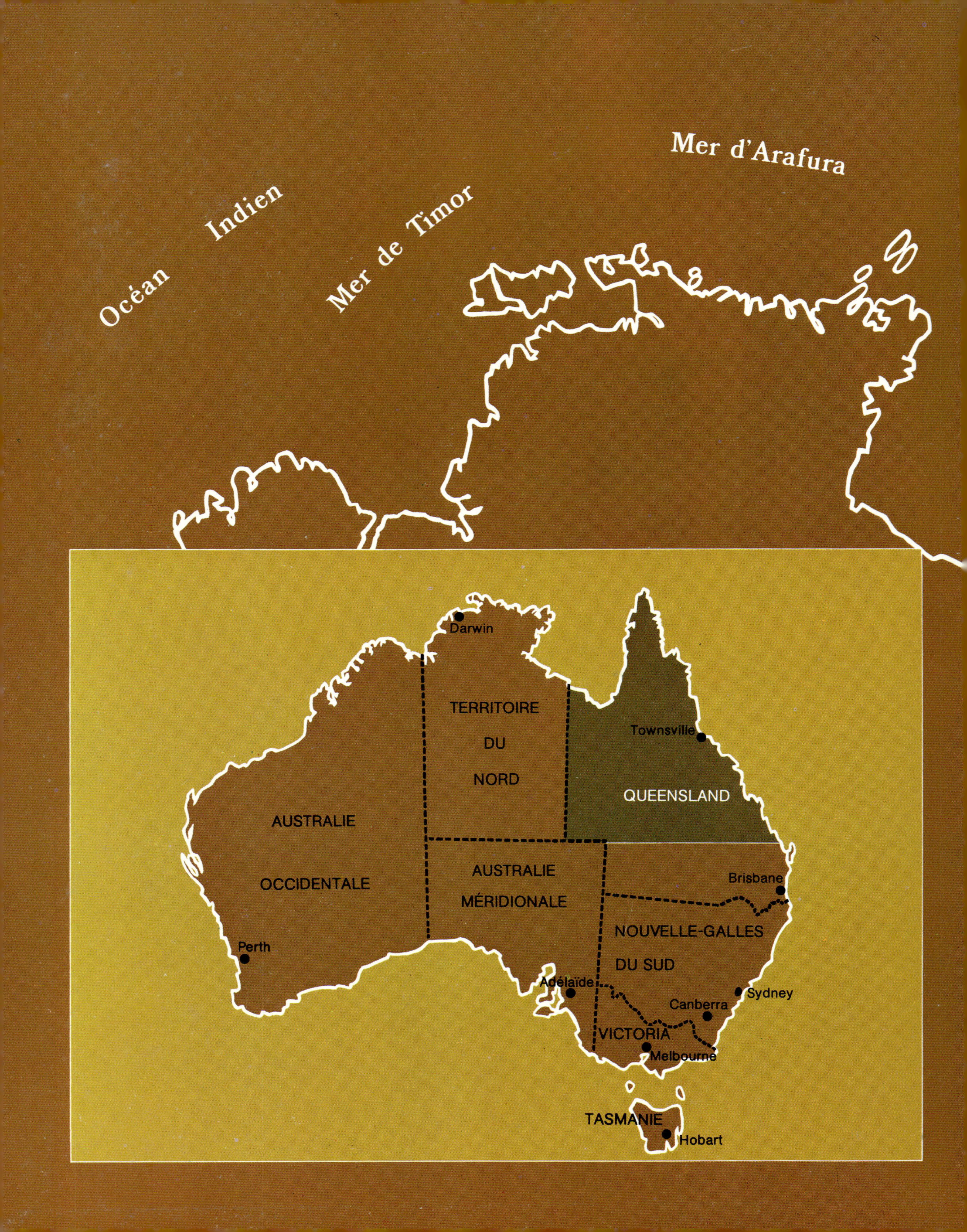
Océan Indien
Mer de Timor
Mer d'Arafura
Darwin
TERRITOIRE DU NORD
QUEENSLAND
Townsville
AUSTRALIE OCCIDENTALE
AUSTRALIE MÉRIDIONALE
Brisbane
NOUVELLE-GALLES DU SUD
Perth
Adélaïde
Sydney
Canberra
VICTORIA
Melbourne
TASMANIE
Hobart